Silas Henderson & Linus Mundy

Du bist nicht mehr hier

Linus Mundy & Silas Henderson

Du bist nicht mehr hier

Trost und Hoffnung nach dem Tod der Mutter oder des Vaters

Aus dem Amerikanischen von Manfred Miethe

SILBERSCHNUR VERLAG

ISBN: 978-3-89845-443-8

1. Auflage 2014

Übersetzung: Manfred Miethe
Gestaltung & Satz: XPresentation, Güllesheim; unter Verwendung verschiedener Motive von © Ozerina Anna, www.shutterstock.de
Umschlaggestaltung: XPresentation, Güllesheim; unter Verwendung eines Motivs von © Melpomene, www.fotolia.de
Druck: Finidr, s.r.o. Cesky Tesin

Verlag »Die Silberschnur« GmbH · Steinstr. 1 · 56593 Güllesheim
www.silberschnur.de · E-Mail: info@silberschnur.de

Inhalt

Einführung

Ganz gleich, wie lange unsere Eltern auch leben mögen, wenn sie dann doch irgendwann sterben, denken wir oft, wir hätten gerne mehr Zeit mit ihnen verbracht oder sie wären einfach zu früh gestorben. Der Verlust eines Elternteils oder beider Eltern bedeutet ja, dass wir lernen müssen, ohne die Menschen weiterzuleben, die immer Teil unseres Lebens gewesen sind.

Wie Linus Mundy, ein talentierter Schriftsteller, der viele Menschen auf ihrem Weg durch Trauer und Verlust begleitet hat, einmal schrieb, ist der Verlust eines Elternteils deshalb so besonders schmerzvoll, weil wir dadurch so viele verschiedene Menschen verlieren: die Mutter oder den Vater, die uns als Kleinkinder gefüttert haben; die Mutter oder den Vater, die miterlebt haben, wie wir erwachsen wurden; die Mutter oder den Vater, die möglicherweise im Alter von uns abhängig waren.

Ich hoffe, die acht Essays dieses kleinen Buches werden Ihnen helfen, das Gefühl des Verlustes zu respektieren und Heilung und Hoffnung in dem zu finden, was der Mensch, den Sie verloren haben, Ihnen alles gegeben hat. Auch wenn Ihr Leben nie wieder so sein wird wie vorher, so werden Ihre Erinnerungen es Ihnen doch ermöglichen, die wichtigsten Eigenschaften Ihrer Eltern im Herzen zu bewahren – Eigenschaften, die Teil dessen sind, was sie Ihnen als Erbe hinterlassen haben.

Das Bewahren dieses Erbes stellt eine Möglichkeit dar, Ihrer Mutter oder Ihrem Vater stets im Herzen wie im Geiste nahe zu sein.

Silas Henderson, Benediktinermönch

Kapitel 1

Den Verlust eines Elternteils betrauern

von Judy Ball

Meine Mutter lag in einem abgedunkelten Krankenhauszimmer im Sterben. Aber als sie nach meiner Hand griff und mir direkt in die Augen sah, spürte ich, dass sie wusste, ihre jüngste Tochter war bei ihr.

»Judy, regnet es?«, fragte sie. »Nein, Mami, draußen ist schönes Wetter. Aber dort, wo du hingehst, ist es noch schöner«, antwortete ich mit Tränen in den Augen und zitternder Stimme und versuchte, so überzeugend wie möglich zu klingen.

Sie war fast so weit, ihre Heimreise zu Gott anzutreten. »Wirst du meine Partnerin sein?«, fragte sie und hielt meine Hände immer noch fest umklammert.

Und noch bevor ich ihr versichern konnte, dass ich so lange wie möglich bei ihr bleiben würde, war sie tot. Die Frau, die mich geboren hatte, die für mich von der Wiege bis zur Volljährigkeit gesorgt hatte, die mir beigebracht hatte, wie man betet und eine Straße überquert und die mich vor allen Gefahren beschützt hatte, war nicht mehr da.

Wie damit umgehen?

Hinter mir lagen 14 lange, anstrengende Monate, in denen ich miterlebt hatte, wie meine Mutter zunächst starrsinnig darauf bestanden hatte, dass sie weiterhin allein leben konnte, und wie sie dann allmählich immer mehr Pflege benötigte, nachdem eine Reihe kleinerer Schlaganfälle und schließlich der Krebs ihren Verstand und ihren Körper erschöpft hatten. Meine Familie und ich hatten eine Art Marathon hinter uns. Wir hatten stets versucht, unser Bestes zu geben, hatten aber immer das Gefühl, meiner Mutter nicht gerecht werden zu können.

Aber mit ihrem Tod verschwanden plötzlich all die Monate der Erschöpfung, der Angst, des Selbstzweifels, der Spekulation und auch des Jammerns: »Wann wird das endlich ein Ende haben?« Ich hatte schon vorher den Tod lieber Angehöriger miterlebt, aber der Schmerz war noch nie so groß gewesen wie jetzt. Ich war beinahe 44 Jahre alt, aber ich fühlte mich nun wie eine Vollwaise.

Ironischerweise hat unsere Gesellschaft sehr wenig Verständnis für den einzigartigen Schmerz, den man erleidet, wenn man die Mutter oder den Vater verliert – obwohl fast zwölf Millionen Amerikaner jedes Jahr einen Elternteil zu Grabe tragen. Wie sehr wir uns doch unterstützen könnten, wenn wir nur organisiert wären!

Vielleicht können die folgenden Hinweise Ihnen helfen, besser mit dem Tod eines Elternteils umzugehen.

Machen Sie sich immer wieder bewusst, dass Sie jeden Grund zum Trauern haben

Der Tod eines Elternteils löst bei erwachsenen Kindern häufig das Gefühl aus, verlassen worden zu sein. Wenn sie dann in Panik geraten, überrascht sie das selbst am meisten. Aber warum überrascht es uns so, wenn der Tod der Mami oder des Papis, deren Namen wir als Kleinkinder nur so mühevoll aussprechen konnten, uns deprimiert, zur Schlaflosigkeit verdammt und völlig aus der Bahn wirft?

Wir haben vermutlich lange genug gelebt, um selbst als erwachsen zu gelten, aber im Verhältnis zu unseren Eltern werden wir immer Kinder bleiben. Selbst wenn wir unsere Eltern vor ihrem Tod »beeltert« haben, so begraben wir doch die Eltern unserer Kindheit und Jugend. Und wie es R. Scott Sullender in seinem Buch *Losses in Later Life* ausdrückt: »Die Welt verändert sich mit dem Tod unserer Eltern.«

»Der Verlust eines Elternteils ist die am weitesten verbreitete Form eines schmerzlichen Verlustes in diesem Land. Und doch ist es eine unausgesprochene Tatsache, dass der Tod eines Elternteils im mittleren oder höheren Alter als geringerer Verlust gilt als andere Verluste. Es herrscht die Ansicht, dass die Trauer um den toten Elternteil irgendwie unangemessen ist.«

Edward Myers: *When Parents Die. A Guide for Adults*

Nur selten sind wir als Erwachsene auf den Tod der Eltern vorbereitet. Wir haben genug damit zu tun, unsere beruflichen Ziele zu verfolgen oder eine eigene Familie zu gründen; wir verbringen unsere Freizeit damit, zu reisen oder nach einem Ort zu suchen, an dem wir uns niederlassen können; wir leben in der Nähe unserer Eltern oder am anderen Ende eines Kontinents. Aber ungeachtet der Umstände ist es praktisch unmöglich, sich emotional auf einen solchen Verlust vorzubereiten.

Wohlmeinende Freunde und Bekannte versuchen, uns zu trösten, indem sie sagen: »Deine Mutter hat doch ein erfülltes Leben gehabt.« Oder: »Dein Vater hat so gelitten, da ist es für ihn doch eine Erlösung.« Aber solche Worte haben einen schalen Beigeschmack, wenn im Sarg unsere geliebte Mutter oder unser lieber Vater liegen. Selbst wenn wir ein tiefes Gefühl der Erleichterung neben unserem Kummer verspüren, so ist die Trauer doch tief und sehr real.

Weinen Sie und sprechen Sie darüber

Ergreifen Sie die Möglichkeit, mit anderen über Ihre Trauer zu sprechen, solange Sie das Bedürfnis danach verspüren. Mit größter Wahrscheinlichkeit wird es vielen Familienmitgliedern nichts ausmachen, wenn Sie über Ihre verstorbenen Eltern sprechen.

Freunde, besonders jene, die noch nicht selbst den Tod eines Elternteils erlebt haben, werden zum Beispiel eher fragen, wie Ihr Vater mit dem Tod Ihrer Mutter umgeht, als zu fragen, wie Sie damit umgehen. Aber eine solche Frage können Sie als Einstieg nutzen, um Ihre Gefühle auszudrücken.

Und sollten Freunde überhaupt nicht auf das Thema zu sprechen kommen, können Sie es selbst anschneiden. Gute Freunde wollen ja nicht unsensibel sein, vielleicht brauchen sie nur eine kleine Erinnerung, dass Sie noch darüber reden möchten und müssen. Wenn Ihre Augen dabei feucht werden, dann sei es drum; wenn Ihnen Tränen über die Wangen kullern, dann ist dies ein sicheres Zeichen dafür, dass sie geweint werden müssen.

Sie können über Ihre verstorbenen Eltern selbst mit Menschen sprechen, die Ihre Mutter oder Ihren Vater gar nicht gekannt haben. Angenommen, es ist Juni und Sie unterhalten sich mit Ihren Nachbarn über den Garten, dann können Sie beinahe beiläufig erwähnen, wie Ihre Mutter sich immer auf diesen Monat gefreut hat, weil nun ihre geliebten Rosen angefangen haben zu blühen. Wenn der Lieblingsfußballer Ihres Vaters stirbt und der Name dieses Spielers in der Unterhaltung mit einem Arbeitskollegen erwähnt wird, erwähnen Sie doch, dass er und Ihr Vater nun sicherlich im Himmel einiges zu bereden haben werden.

Und Sie sollten unbedingt mit dem Verstorbenen reden. Ein Besuch auf dem Friedhof kann eine großartige Gelegenheit für ein offenes Gespräch von Herz zu Herz

»Ganz gleich, wie alt die Eltern zum Zeitpunkt ihres Todes auch gewesen sein mögen oder wie die Umstände waren, der Schmerz für das erwachsene Kind kann doch verheerende Auswirkungen haben.«

Katherine Fair Donnelly: *Recovering From the Loss of a Parent*

sein. Wenn Sie in den Spiegel schauen und sehen, dass die grauen Haare Sie mehr und mehr wie Ihre Mutter aussehen lassen, sagen Sie es ihr. Wenn Sie krank sind, danken Sie Ihren Eltern für die Fürsorge, die sie Ihnen bei früheren Krankheiten angedeihen ließen. Allein schon das Aussprechen der Worte »Mami« oder »Papi« (oder wie auch immer Sie Ihre Eltern genannt haben mögen), kann wunderbar tröstend und heilend wirken.

Vergeben Sie sich dafür, dass Sie auch nur ein Mensch sind

Nur die wenigsten von uns haben ein unproblematisches Verhältnis zu ihren Eltern. Voller Schmerz erinnern wir uns an barsche Worte, die ausgesprochen wurden, an tiefe Gräben, die nie zugeschüttet wurden, und an verpasste Gelegenheiten, unsere Liebe auszudrücken. Dieses Unbehagen kann nach dem Tod eines Elternteils fruchtbarer Boden für lähmenden Schmerz sein, weil nun die Chance zur Versöhnung dahin ist. Aber wir dürfen getrost darauf vertrauen, dass unsere toten Eltern uns vergeben und darüber hinaus auch ihren Anteil an der Situation erkennen.

Wir müssen auch uns selbst für unsere unzureichenden Bemühungen vergeben, auf die Bedürfnisse unserer Eltern einzugehen, als sie älter und abhängiger wurden und höhere Ansprüche an uns stellten. Der räumliche Abstand mag es unmöglich gemacht haben, die Eltern so zu unterstützen, wie sie es wollten. Begründeter Zeitmangel könnte ebenfalls ein Thema gewesen sein.

Auf emotionaler Ebene waren wir möglicherweise nicht in der Lage, mit den an uns gestellten Ansprüchen fertig zu werden: zum Beispiel mit dem Rollentausch oder mit der extrem schwierigen Entscheidung, Mutter oder Vater in ein Pflegeheim zu geben. Aber noch einmal: Es mag uns trösten, dass unsere verstorbenen Eltern uns verstehen und vergeben.

Wachsen Sie an dieser tragischen Erfahrung

Wenn Sie ein Elternteil oder beide Eltern zu Grabe getragen haben, sollten Sie diese Erfahrung als Lektion des Lebens betrachten und nutzen. Vater Leo Missine, Professor für Gerontologie, erinnert uns daran, dass wir besser auf unser eigenes Altern vorbereitet sind, je mehr wir uns um unsere alternden Eltern kümmern.

Lernen Sie aus der Erfahrung, einen Elternteil zu verlieren, wie Sie auf gesunde Weise mit Ihrem eigenen Alterungsprozess umgehen können, wie Sie sich in Krisenzeiten auf Freunde und Familie als Unterstützer verlassen können, wie Sie im Leben wie im Tod ein besserer Gefährte sein können und wie Sie Ihre Liebe für die ganz besonderen Menschen in Ihrem Leben besser ausdrücken können.

Es ist möglich, erlittene Verluste in Gewinne zu verwandeln. Wir können sie nämlich als Instrumente benutzen,

»Knapp unter der Oberfläche unserer erwachsenen Fassade verbergen sich das kleine Mädchen oder der kleine Junge, die sich Papis Anerkennung oder Mamis Umarmung mehr als alles andere auf der Welt wünschen. Und im Kopf dieses kleinen Mädchens oder dieses kleinen Jungen spukt möglicherweise noch immer der Gedanke herum, diese Anerkennung oder Umarmung nicht verdient zu haben. Diese Form unspezifischer Schuldgefühle existiert praktisch überall zwischen Eltern und ihren erwachsenen Kindern – auch in unserem Kummer und unserer Trauer.«

R. Scott Sullender: *Losses in Later Life*

um uns selbst besser zu verstehen und gegenüber anderen sensibler zu sein.

Wir brauchen nicht die Weisheit von Philosophen oder aus Büchern, um zu verstehen, dass wir nie wieder nach Hause zurückkehren können und dass nach dem Tod der Eltern nichts je wieder so sein wird wie vorher. Mutti oder Vati werden nicht da sein, um uns zu unseren Erfolgen als Erwachsene zu beglückwünschen, um uns an wichtigen Scheidepunkten im Leben die Richtung zu weisen, um sich um uns zu sorgen, wenn wir krank sind, oder um uns einfach anzurufen, um einmal Hallo zu sagen. Die Dynamik und Geschichte unserer Familie sind unwiderruflich verändert worden – so wie wir auch.

Nun betreten *wir* die Hauptbühne und prägen der Welt unseren Stempel auf. Aber wir gehen nicht allein weiter. Mit uns nehmen wir einen großen Schatz aus unserer Kindheit und dem Erwachsenenalter, einen Schatz aus Lektionen und Prinzipien, die wir oft auf die harte Tour gelernt haben, aus schönen und schmerzhaften Erinnerungen, aus Familienfeiern und -traditionen. Wir nehmen mit uns, wer wir dank der Liebe, der Fürsorge und der Führung unserer Eltern, die wir während unserer formativen Jahre empfangen haben, geworden sind. Jener Eltern, deren Gegenwart wir nun so sehr vermissen.

Unser Leben hat nicht seinen Sinn verloren, tatsächlich hat es einen neuen Sinn bekommen, während wir einen Teil unserer Vergangenheit zu Grabe tragen und ein neues Kapitel im Buch unseres Lebens schreiben. Und wenn wir an die Verheißung Gottes auf ein jenseitiges Leben glauben, dann dürfen wir uns auf ein himmlisches Wiedersehen mit der Familie freuen.

Nur Mut!

Ich konnte meiner Mutter nicht mehr versichern, dass ich sie auf der letzten Strecke ihrer Heimreise begleiten würde. Aber jetzt, da ich mich auf dem zweiten Teil meiner eigenen Lebensreise befinde, kann ich die Macht ihrer Gegenwart spüren. Sie ist meine Partnerin!

Judy Ball ist eine in Cincinnati lebende freie Autorin und Leiterin der Abteilung Kommunikation der Schulschwestern Unserer Lieben Frau von Namur *für die Provinz Ohio.*

Kapitel 2

Die ersten Wochen nach dem Begräbnis

von Herbert Weber

Ich traf mich mit meinen Schwestern und Brüdern am Tag nach der Beerdigung meiner Mutter in unserem Elternhaus. Da nun sowohl Mutter als auch Vater von uns gegangen waren, mussten wir das Haus aufräumen und die persönlichen Dinge sortieren, bevor wir alle in die verschiedenen Teile des Landes zurückkehren würden. Schon bald würden wir uns um den Verkauf des Hauses kümmern und uns mit der Nachlassregelung beschäftigen müssen.

Die Stimmung war sehr gefühlsgeladen. Nach einer halben Stunde des Aufräumens und Sortierens fing eine meiner Schwestern an zu weinen. Sie beklagte sich, dass ihr das alles zu schnell ging. Wir sollten die Sachen unserer Mutter nicht so eilig entsorgen. Andere stimmten ihr zu, wiesen aber darauf hin, dass »die Arbeit doch erledigt werden müsse«. Die Anspannung nahm zu.

Schließlich schlug jemand vor, in einem nahegelegenen Restaurant ein frühes Mittagessen einzunehmen. Dort – in einer anderen Umgebung – beschlossen wir, erst in zwei Wochen weiterzumachen. In der Zwischenzeit wollten wir miteinander in Kontakt bleiben.

Wie damit umgehen?

Für viele Menschen sind die ersten Wochen und Monate nach der Beerdigung des Partners weitaus schwieriger als die Aufbahrung und das Begräbnis selbst, denn Freunde und Bekannte sind nun wieder gegangen und das Leben ist für alle ziemlich schnell wieder in die üblichen Bahnen zurückgekehrt. Aber für die engsten Familienmitglieder hat der Trauerprozess gerade erst begonnen.

Wenn Sie nicht wissen, wie Sie sich in den ersten chaotischen Wochen und Monaten nach dem Verlust zwischen Ihrer Trauer und Ihren alltäglichen Pflichten zurechtfinden sollen, können die folgenden Vorschläge für Sie möglicherweise hilfreich sein.

Vergessen Sie vorübergehend, was »normal« bedeutet

Aufgrund des erst kürzlich erlittenen Verlustes eines lieben Angehörigen von mir weiß ich, dass der Tod eines nahestehenden Menschen den Hinterbliebenen viel zusätzliche Arbeit beschert. Schließlich müssen seine persönlichen Angelegenheiten schnell und effizient geregelt werden. Gleichzeitig verlangt aber auch die Trauer nach unserer Aufmerksamkeit, und wir realisieren erst allmählich, dass eine tiefe und permanente Veränderung eingetreten ist. Die verschiedenen Familienmitglieder trauern auf unterschiedliche – manchmal durchaus überraschende – Weise, so dass Spannungen und Missverständnisse entstehen können. Das erfordert aufseiten aller Hinterbliebenen ein hohes Maß an Toleranz und Verständnis.

Viele Menschen setzen sich selbst übermäßig unter Druck, weil sie erwarten, dass sie frei werden sollten vom Schmerz des Geschehenen und dass das Leben schnell wieder in normale Bahnen zurückkehren sollte. Geschieht das nicht, schämen sie sich, weil sie denken, dass mit ihnen etwas nicht stimmen kann. Aber alles stimmt, nur eines nicht: die Erwartungshaltung, dass das Leben schnell wieder normal sein sollte.

»Ich habe herausgefunden, dass die tägliche Routine aus Beruf und Familie mir geholfen hat, meinem Leben inmitten des durch die Trauer verursachten Chaos eine vertraute Struktur zu geben.«

Robert DiGiulio: *Losing Someone Close*

Üben Sie sich bei der Bewältigung des Chaos in Geduld

Eine Familie muss häufig den Besitz des Verstorbenen und Erinnerungsstücke an ihn aufteilen. Wurde kein Testament aufgesetzt, kann das häufig in einen regelrechten Verteilungskampf zwischen den Kindern und dem überlebenden Partner ausarten. Versuchen Sie, alle Meinungsverschiedenheiten gütlich zu regeln und den anderen keine bösen Absichten zu unterstellen. Der erste Schritt, um Klarheit zu erlangen und auf einen Kompromiss hinzuarbeiten, kann zum Beispiel darin bestehen, eine Liste der Besitztümer zu erstellen und diese an die engsten Familienmitglieder zu versenden, damit sie ihre Wünsche artikulieren können.

Obwohl beinahe jeder irgendeine Kleinigkeit haben will, reagieren wir doch sehr unterschiedlich, wenn es an die Verteilung der Erinnerungsstücke geht. Die Tatsache, dass nicht allen wichtig ist, was mit jedem einzelnen Gegenstand geschieht, bedeutet ja nicht, dass man kaltherzig oder desinteressiert ist. Jeder Mensch hat einzigartige Erinnerungen an und einzigartige Gefühle für die verschiedenen Objekte. Daher sollte man mit den Gefühlen der anderen sensibel umgehen und die Einzigartigkeit jeder Erinnerung respektieren.

Was loslassen, was festhalten?

Manchmal haben bestimmte Familienmitglieder den geradezu überwältigenden Wunsch, alles festzuhalten, was mit dem Verstorbenen zu tun hat, weil sie so an ihm hängen. Oftmals fällt das Loslassen leichter, wenn man sich gegenseitig Geschichten erzählt und Erinnerungen miteinander teilt.

Bei der Beerdigung werden häufig kleine Geschichten über den Verstorbenen erzählt. Wichtiger und wertvoller sind allerdings die Geschichten und Erinnerungen, die in den darauffolgenden Wochen und Monaten auftauchen. Ab und zu rufe ich jemanden an, um ihm eine Geschichte von meiner Mutter zu erzählen, die mir gerade eingefallen ist. Oder ich stelle mir vor, was Mutti wohl zu dem frühen Beginn des diesjährigen Frühlings, dem späten Wintereinbruch oder den Erfolgen eines Enkelkindes sagen würde. Haben Sie keine Angst, Ihre Erinnerungen zu behalten, denn sie können in dieser Zeit eine wichtige Quelle der Heilung und des Trostes sein.

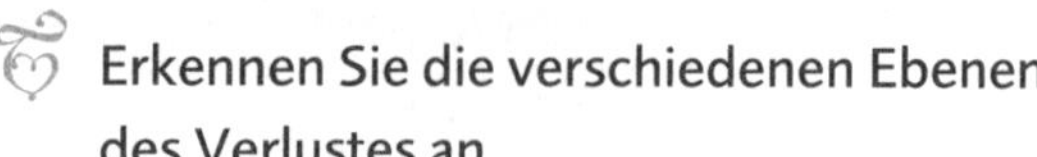

Erkennen Sie die verschiedenen Ebenen des Verlustes an

Nur ein einziger Verlust, nämlich der eines Menschen, der Ihnen sehr nahestand, reicht schon aus, um den ganzen Tag lang Traurigkeit zu spüren. Aber ein Verlust hat immer verschiedene Ebenen. Die Person, die Sie lieben, ist nicht mehr da, aber außerdem verlieren Sie möglicherweise Ihr Heim, die Beziehung zu anderen Familienmitgliedern ändert sich und auch die Art und Weise, wie Sie sich selbst

»Ein jeder wirklicher Schmerz
hat zwanzig Schatten,
die ihm gleich sehen.«

William Shakespeare: *Richard II.*

betrachten. Manchmal ist es sehr schwer, genau zu wissen, mit welcher Ebene des Schmerzes Sie es gerade zu tun haben.

Für mich war das Haus von besonderer Bedeutung, da unsere Familie seit über 100 Jahren darin gewohnt hatte und es von meinen Urgroßeltern erbaut worden war. Aufgrund eines schweren Schneesturms konnten meine Eltern nicht ins Krankenhaus, so dass ich in diesem Haus geboren wurde. Da ich Priester war, übernachtete ich häufig bei meiner Mutter, um mich einmal richtig auszuschlafen.

Wenn Sie sich selbst gegenüber zugeben, dass Sie mehrere Verluste erlitten haben, können Sie einzeln und auf unterschiedliche Weise mit ihnen umgehen. Das hilft Ihnen auch, sich gegen das »Schnellerholungssyndrom« zu wappnen, demzufolge es am besten ist, einfach weiterzumachen wie bisher. Lassen Sie sich von der Taubheit, die sich in den ersten Tagen und Wochen häufig einstellt, nicht täuschen. Taubheit ist keine Heilung, und wenn Sie zu schnell wieder zur Tagesordnung übergehen, werden Sie die notwendige und unvermeidliche Trauerarbeit nur hinauszögern.

Erkennen Sie Ihre Schuldgefühle an und lernen Sie, mit ihnen umzugehen

In den hektischen Wochen nach dem Begräbnis erscheinen Ihnen das Sortieren der persönlichen Dinge, der

Nur wenige

»Nur wenige von uns haben die Mittel oder leben in Umständen, die es ihnen erlauben, sich während der Zeit der Trauer von der Welt zurückzuziehen. Wir alle haben Verpflichtungen, einen Beruf und Menschen sowie Tiere, um die wir uns kümmern müssen. Aber inmitten der Trauer müssen wir uns auch um uns selbst kümmern – um jeden Aspekt unseres Selbst –, so dass der Prozess des Trauerns eine Zeit der Heilung, des Wachstums, der Vertiefung und schließlich der Verwandlung wird.«

Karen Katafiasz:
Taking Care of Yourself While Grieving

Verkauf des Hauses, der Wiedereinstieg in den Beruf oder selbst ein Lächeln oder Lachen möglicherweise bereits als Verrat an dem Verstorbenen.

Aber Sie sollten sich fragen, was die verstorbene Person wohl für Sie gewollt hätte. Vermutlich würde sie doch wollen, dass Sie alles tun, was notwendig ist, um die Herausforderungen zu bewältigen, die ein solcher Verlust mit sich bringt. Die vielen Verpflichtungen, die mit dem Tod eines geliebten Menschen einhergehen, sind niemals einfach, aber Sie werden ohne die zusätzliche Belastung durch Schuldgefühle und Gefühle des Verrats besser mit ihnen fertigwerden.

Zudem ist es wichtig zu verstehen, dass Gefühle der Schuld oder des Verrats auf tiefere Gefühle hinweisen können, zum Beispiel darauf, dass die Beziehung zu dem Verstorbenen unvollständig oder unvollkommen war. Daher können derartige Gefühle ebenfalls eine Form der Trauer sein und sollten respektvoll betrachtet und angegangen werden.

Klären Sie für sich, was Sie von anderen brauchen

Ich erinnere mich, dass meine Schwester uns erzählte, wie wütend sie war, als sie kurz nach dem Tod unserer Mutter in einem Supermarkt einkaufen ging. Zu ihrem Erstaunen lächelten und lachten die anderen Leute nämlich, als ob gar nichts geschehen sei. Sie wusste, dass ihre Reaktion irrational war, aber sie wollte, dass die ganze Welt für alle stillstand, so wie sie es für sie tat. Wussten die anderen denn nicht, wie sehr sie litt?

Freunde und Kollegen sind durchaus bereit zu helfen, aber häufig müssen wir ihnen sagen, was wir brauchen. So gehen sie vielleicht davon aus, dass wir zum Beispiel »öfter mal unter die Leute kommen sollten«. Aber es gibt Zeiten, in denen es notwendig ist, allein zu sein. In den Monaten nach dem Tod meiner Mutter unternahm ich zum Beispiel lange einsame Spaziergänge, da Einsamkeit genau das war, was ich am meisten brauchte.

Manchmal wollte ich aber im Rahmen unserer Kirchengemeinde kleine Geschichten über meine Mutter erzählen. Die Mitglieder hörten mir dann stets aufmerksam zu. Ein- oder zweimal rief ich Freunde an, um ihnen zu sagen, dass ich vorbeikommen würde, um zu reden oder ihnen von bestimmten Erinnerungen zu erzählen. Sie waren immer bereit, mir ihr Ohr zu leihen, wenn ich sie darum bat.

Im Verlauf der Zeit wird es sogar noch wichtiger, anderen mitzuteilen, was wir brauchen.

Wenn der Totenschein ausgestellt ist, wenn das Haus verkauft ist, wenn ein Anwalt eingeschaltet werden muss, wenn die Erbschaft geregelt ist, wenn der Grabstein fertig ist, werden Sie spüren, dass sehr verwirrende Gefühle in Ihnen aufsteigen. Wenn diese Verwirrung Sie fest im Griff hat, sollten Sie die anderen wissen lassen, dass Sie keinen guten Tag haben, damit sie Ihnen Raum geben und Sie auf die Weise unterstützen können, die Sie gerade brauchen.

Nur Mut!

Die ersten Wochen und Monate nach dem Begräbnis eines geliebten Menschen sind eine Zeit des Trauerns und des Wiedereinstiegs. Während Sie Ihren Pflichten nachgehen, angemessen trauern und sich allmählich selbst gestatten weiterzuleben, werden Sie merken, dass der geliebte Mensch in Ihrer Erinnerung – aber noch wichtiger: in dem Geist, der auch Sie beseelt – weiterlebt.

Und wenn Sie in diesen neuen Lebenszyklus eintreten, werden Sie erkennen, dass die Bereitschaft, zu genesen und Ihr Leben neu aufzubauen, das Beste widerspiegelt, was der geliebte Mensch Ihnen hinterlassen hat.

Herbert Weber *ist Priester der römisch-katholischen Diözese von Toledo, Ohio. Seine Ausbildung als Sozialarbeiter fließt in seine beratende, seelsorgerische und schriftstellerische Tätigkeit ein.*

Kapitel 3

Der Verlust der Mutter

von Peggy Heinzmann Ekerdt

Gestern Abend saß ich am Rand eines Schwimmbeckens und sah zu, wie meine Tochter Gretchen an einem Schwimmwettkampf teilnahm. Gretchen stieg im ersten Rennen auf den Startblock, sprang ins Becken und fing an, im Freistil durchs Wasser zu gleiten. Als sie den Kopf drehte, um nach Luft zu schnappen, sah ich, dass die Schwimmbrille beim Eintauchen ins Wasser nach unten über ihren Mund gedrückt worden war. Ich spürte, wie ich bei dem Gedanken, dass sie keine Luft bekommen könnte, in Panik geriet. Sobald sie versuchte, die Schwimmbrille zurechtzurücken, würde sie disqualifiziert werden. Wie sollte sie mit der Schwimmbrille über dem

Mund die zweihundert Meter schwimmen? Sie würde es nie schaffen. Ich flehte Gott an, ihr zu helfen.

Aber sie schaffte es, und ich musste lachen. Nur eine Mutter würde sich bei einem sommerlichen Schwimmwettkampf in eine solche Panikattacke hineinsteigern. Da kam mir eine Erkenntnis: Das ist es, was wir verlieren, wenn unsere Mütter sterben. Wir verlieren den Menschen, der sich mit uns über unsere Erfolge freut und der mit uns leidet, wenn wir vor schwierigen Herausforderungen stehen; den Menschen, der findet, dass wir jedes Rennen gewinnen sollten, das Herz eines jeden Verehrers erobern und jeden Job bekommen sollten; den Menschen, dessen erster Impuls immer darin besteht, uns zu beschützen und uns gute Ratschläge zu geben; den Menschen, der weiß, was für uns am besten ist (oder dies zumindest zu wissen glaubt); den Menschen, der mit uns angibt, wenn wir nicht da sind, und der in allen Lebenslagen Rat weiß. Kurzum: Wir verlieren den Menschen, der unser größter Bewunderer und unermüdlicher Fürsprecher ist.

Wie damit umgehen?

Trotz dieser Lobrede ist es wichtig, immer im Auge zu behalten, dass die Beziehungen von Müttern und ihren Kindern kompliziert sind. Mütter sind ebenso wenig perfekt wie ihre Kinder. Manche Mütter sind Vertrauenspersonen, andere Kritiker. Manche Mütter wollen ihre Kinder selbst noch im Erwachsenenalter bevormunden, während andere schon früh die Unabhängigkeit ihrer Kinder fördern. Aber unabhängig davon, welche Beziehung Sie zu Ihrer Mutter auch haben mögen, ist es wichtig, dass Sie Ihre Gefühle anerkennen und um das trauern, was Sie verloren haben.

Trauern Sie um den vielfältigen Verlust

Wenn Sie Ihre Mutter verlieren, berührt Sie der Verlust auf vielen Ebenen. Nachfolgend führe ich einige der Ebenen auf, auf denen Sie den Verlust vermutlich spüren werden.

Den Verlust der bedingungslosen Liebe

Die Beziehung zu unseren Müttern ähnelt häufig der, die in Margaret Wise Browns Buch *Ein Kaninchen-Zuhause* geschildert wird. Das verspielte, aber eigensinnige kleine Kaninchen kann die Liebe seiner Mutter nicht abschütteln, so sehr es sich auch bemüht. Nachdem es dies mehrmals versucht hat, gibt es schließlich auf und kehrt nach Hause zurück. Dies ist eine passende Analogie für das Durchhaltevermögen der mütterlichen Liebe. Sie wird häufig auf die Probe gestellt, versagt aber nur selten. Wenn daher die Mutter stirbt, ist der Verlust ihrer bedingungslosen Liebe ein Verlust, den andere Menschen nicht verstehen und schon gar nicht ersetzen können.

Der Verlust der Identität

In ihrem Buch *Memories of God* schreibt Roberta Bondi: »Es war für mich immer das größte aller Mysterien, dass meine Mutter Zugang zu Erinnerungen an mich als Baby und Kind hat, zu denen ich selbst niemals Zugang haben werde. Fast ist es so, als würde ein fundamentaler Teil von mir nur in ihrer Erinnerung existieren. Wenn meine Mutter stirbt, stirbt auch dieser Teil von mir.«

Wenn das Leben dann weitergeht, werden viele Menschen etwa in dieser Art zu Ihnen sagen: »Sie ist ganz die Tochter ihrer Mutter, sie könnte eine ganze Armee organisieren.« Oder: »Er ist ganz der Sohn seiner Mutter, er liebt diesen Flecken Land über alles.« In beiden Fällen ist die Mutter der Bezugspunkt, durch den die eigene Identität definiert wird. Das gilt selbst wenn es heißt: »Sie ist überhaupt nicht wie ihre Mutter.« Auch dann ist die Mutter der Bezugspunkt.

Wenn eine Mutter stirbt, verlieren wir einen Teil unserer selbst. Wir verlieren den Menschen, dessen Geschichte den Anfang unserer eigenen darstellt und dessen Selbstgefühl großen Einfluss auf uns hat. Nicht selten wundern wir uns: Wenn ich nicht mehr das Kind meiner Mutter bin, wer bin ich dann?

Die Leere

»Die Leere muss der Fülle vorangehen.
Spiritualität hat immer mit Loslassen zu tun.
Immer!«

Richard Rohr, Franziskaner-Mönch

Der Verlust des Menschen, der die Familie zusammenhält

Durch Telefonate, Besuche, Briefe oder neuerdings E-Mails halten Mütter meistens den Kontakt zu ihren Kindern aufrecht. Es ist für erwachsene Kinder nicht ungewöhnlich, sie nach den Geschwistern zu fragen oder durch die Mutter Nachrichten an sie zu übermitteln. Wenn eine Mutter stirbt, erkennen manche Kinder, was sie verloren haben, aber andere wundern sich, warum sie nun auch den Kontakt zu ihren Geschwistern verloren haben. Ich kenne eine Familie, die aus diesem Grund eine jährliche Familienzusammenkunft an einem zentralen Ort für die sieben verstreut lebenden Kinder organisiert. Die Botschaft ist klar: Mutti ist nicht mehr da, um uns zusammenzuhalten. Deshalb müssen wir neue Wege finden, um als Familie miteinander verbunden zu bleiben.

Der Verlust der Beschützerin

Im Tierreich sind es zumeist die Mütter, die über ihre Nachkommen wachen und sie mit Klauen und Zähnen vor allen Gefahren beschützen. Dabei fallen uns sofort Vogel-, Katzen- oder Löwenmütter ein, und die Botschaft ist unmissverständlich: »Haltet euch von meinen Kindern fern, sonst ...«

Auch menschlichen Müttern sind die Gefahren, denen ihre Kinder ausgesetzt sind, nur in den seltensten Fällen gleichgültig. Die Kinder mögen die Bemühungen der

»Nichts geht verloren. Alles, was wir erlitten haben, stellt eine Lektion für die Seele dar.«

Bernhard von Clairvaux

Mutter, sie zu beschützen, unterlaufen – besonders wenn sie älter werden –, aber dennoch geben diese ihnen ein Gefühl von Sicherheit, das mit der Gewissheit einhergeht, dass die Mutter sich auch noch im Erwachsenenalter um sie kümmern wird und dass Gott all jenen gnaden möge, die ihnen etwas antun wollen. Dieser Schutzschild – sowohl physisch wie auch emotional – geht verloren, wenn eine Mutter stirbt.

Der Verlust der mütterlichen Berührung

Als sie gefragt wurde, was der Tod ihrer Mutter für sie bedeutete, antwortete Jessica: »Selbst als ich schon verheiratet war, legte ich mich noch bei meiner Mutter aufs Sofa und sie strich mir über den Kopf und spielte mit meinem Haar, während wir uns unterhielten. Niemand wird das jemals wieder auf diese Weise mit mir tun.« Es gibt eine Vertrautheit zwischen einer Mutter und ihrem Kind, die die Berührung so natürlich und tröstend sein lässt und die durch nichts ersetzt werden kann. Der Tod der Mutter bedeutet, dass wir die Umarmungen und Liebkosungen unserer Mutter verlieren. Wir verlieren die vollständige physische Akzeptanz, die nur eine Mutter geben kann.

Ich vermisse

»Ich vermisse meine Mutter. Dieses Gefühl möchte ich niemals verlieren, weil es ein Zeichen für die Tiefe der Liebe ist, die wir füreinander empfunden haben.«

Der Verlust all dessen, was wir als selbstverständlich angenommen haben

»Anfang Mai ging ich in einen Kartenladen, um ein paar Geburtstagskarten zu kaufen. Als ich sah, dass es ganze Regale voller Muttertagskarten gab, wurden meine Augen feucht. In diesem Jahr hatte ich zum ersten Mal niemanden, dem ich eine solche Karte schicken konnte. Ich musste meine ganze Willenskraft aufwenden, um nicht aus dem Laden zu laufen.«

Kathys Worte zeigen, dass das, was in den meisten Kulturen selbstverständlich ist – in diesem Fall Glückwünsche zum Muttertag – nur ein schmerzhafter Hinweis auf das ist, was wir verloren haben.

Der Verlust dessen, was sein könnte

Nicht jede Mutter-Kind-Beziehung funktioniert reibungslos, und wenn eine Beziehung besonders schwierig war, bedeutet der Tod der Mutter, dass die Möglichkeit, mit ihr von Angesicht zu Angesicht Frieden zu schließen, nicht mehr gegeben ist. Dies ist eine andere Form des Verlustes, der Verlust eines Traums, einer Hoffnung, dass sich die Dinge bessern könnten. Nun haben wir keine Möglichkeit und keine Gelegenheit mehr, etwas zum Abschluss zu bringen. Das aber bedeutet, dass wir akzeptieren müssen, dass manche Dinge einfach nicht vollkommen sind.

»Wir haben vermutlich lange genug gelebt, um selbst als erwachsen zu gelten, aber im Verhältnis zu unseren Eltern werden wir immer Kinder bleiben. Selbst wenn wir unsere Eltern vor ihrem Tod 'beeltert' haben, so begraben wir doch die Eltern unserer Kindheit und Jugend.«

Judy Ball: *Den Verlust eines Elternteils betrauern*

Gehen Sie behutsam mit sich selbst und anderen um

Haben Sie Geduld mit sich selbst, denn Loslassen ist ein langwieriger Prozess. Denken Sie daran, dass es im Heilungsprozess zunächst wichtig ist, die neue schmerzhafte Realität anzuerkennen und sie in Worten auszudrücken.

Fühlen Sie Ihren emotionalen Puls, und geben Sie ehrlich zu, wozu Sie in der Lage sind und wozu nicht. Fühlen Sie sich nicht verpflichtet, irgendetwas zu tun. Eine Frau beschloss, bei der Auswahl des Sarges ihrer Mutter nicht dabei zu sein. »Ich musste es nicht tun, und meine Geschwister wollten es tun. Ich wusste, dass ich die Zeit und Energie auf andere Weise verwenden könnte.«

Bewahren Sie die Briefe und Karten auf, die Sie bekommen, und lesen Sie sie noch einmal. Haben Sie keine Angst davor, wieder an den Tod Ihrer Mutter erinnert zu werden oder zu weinen. Beides sind Formen des Gedenkens und Loslassens. Rufen Sie gelegentlich die Freunde Ihrer Mutter an, um in Kontakt zu bleiben.

Erwarten Sie bitte nicht, dass die Spannungen innerhalb der Familie weniger werden oder gar verschwinden. Vermutlich werden sie eher noch zunehmen, daher sollten Sie damit rechnen, dass es zu Missverständnissen und verletzten Gefühlen kommen wird. Jeder fühlt den Schmerz, aber er manifestiert sich auf vielfältige und verschiedene Weise.

Versuchen Sie daran zu denken, dass Ihre Mutter nur ein Mensch war. Glorifizieren Sie sie nicht, indem Sie sie im Tod größer machen, als sie es im Leben war. Dadurch wird sie zu einem unerreichbaren Vorbild.

Freuen Sie sich an Ihren Erinnerungen

Zelebrieren Sie die Erinnerung an Ihre Mutter, indem Sie Geschichten über sie erzählen, ihr Parfüm oder ihren Schmuck tragen, ihre Lieblingsbilder rahmen und Ihren eigenen Kindern schenken. Backen Sie ihren Lieblingskuchen oder kochen Sie nach ihrem Lieblingsrezept. Dies sind bittersüße Erinnerungen daran, dass sie Sie auf vielfältige Weise genährt und umsorgt hat.

Halten Sie die Erinnerung an sie lebendig – nicht nur durch Geschichten, sondern auch, indem Sie einer Wohltätigkeitsorganisation oder der Bücherei etwas in ihrem Namen spenden, einen Baum in ihrem Namen pflanzen oder ein Stipendium vergeben. Indem Sie die Erinnerung an Ihre Mutter würdigen und zelebrieren, verwandeln Sie die Beziehung zu ihr und sorgen dafür, dass sie die Zeiten überdauert.

Nur Mut!

Wenn wir unsere Mütter verlieren, verlieren wir vieles, was nicht ersetzt werden kann. Aber uns bleibt auch viel, an dem wir uns erfreuen können: Erinnerungen, einzigartige Charaktereigenschaften und -stärken, Weisheit und möglicherweise ein Vorbild, das uns dazu inspiriert, jenen Menschen, die Teil unseres Lebens bleiben, unsere Liebe und Fürsorge angedeihen zu lassen. Die Liebe einer Mutter geht nämlich niemals verloren, wenn sie weitergegeben wird.

Peggy Heinzmann Ekerdt ist Autorin, Seminarleiterin und Seelsorgerin. Sie lebt mit ihrem Mann David und ihren beiden Töchtern in Kansas City, Missouri.

Kapitel 4

Der Verlust des Vaters

von Greg Long

»Du kannst dir irgendeine dieser Uhren aussuchen. Sie soll ein Weihnachtsgeschenk sein«, sagte mein Vater mit leiser Stimme, während er mich vom anderen Ende des Zimmers aus ansah. Er hatte für jedes Familienmitglied eine schlichte, quadratische Uhr aus Holz gemacht. Das fünf Zentimeter dicke Holz, auf dem man noch die Abdrücke von Stollenschuhen sehen konnte, stammte von einer Bank aus einem Umkleideraum. Die Bank hatte er von der neu renovierten Grundschule, an der er 22 Jahre seines Lebens Schulleiter gewesen war. Mein Vater wusste, dass dies sein letztes Weihnachtsfest sein würde.

Ich entschied mich für eine Uhr, die einige tiefe Kratzer aufwies. Mein Vater lächelte, offensichtlich gefiel ihm meine Wahl. Er kam auf mich zu, nahm die Uhr und drehte sie um. In gut lesbarer Schrift schrieb er mit farbechter Tinte meinen Namen, den Monat und das Jahr darauf, und dann unterschrieb er.

Mir fiel auf, dass die tiefen Kratzer auf der Uhr die tief eingegrabenen Falten im Gesicht meines Vaters widerspiegelten. Sein vorzeitiger Alterungsprozess war durch die monatelange intensive Chemotherapie noch beschleunigt worden. Er schaute sich die Uhr an und fuhr mit den Fingern über die Rillen. Dann sah er mich an und reichte mir mit Tränen in den Augen die Uhr. »Damit du dich an mich erinnerst«, sagte er.

Ich halte die Uhr meines Vaters in Ehren, und ich erinnere mich durch sie an ihn. Und auch wenn die Minuten, Stunden und Tage, die ich auf ihr ablesen konnte, nicht frei von Schmerz und Gram waren, so war dies doch auch eine Zeit des Verstehens und des Wachstums.

Wie damit umgehen?

Der Verlust des Vaters ist eines der schmerzhaftesten und traumatischsten Ereignisse des Lebens. Es ist zwar für jeden Menschen anders, aber es gibt auch Gefühle und Themen, die für alle gleich sind. Im Folgenden führe ich einige der »Lektionen der Uhr« auf, von denen ich hoffe, dass Sie Ihnen helfen können, durch diese schmerzhafte Periode des Verlustes hindurchzugehen.

Kümmern Sie sich um Ihre Gefühle

Es ist leicht und vielleicht sogar notwendig, dass man nach dem Verlust des Vaters eine gewisse Taubheit verspürt. Ich weiß noch, wie mir die hektische Aktivität und die Verpflichtungen, die mit dem Begräbnis meines Vaters zu tun hatten, halfen, die ersten Wochen zu überstehen.

Mit der Zeit sinkt dann aber die Realität des Verlustes doch ein. Ich war damals auf der Universität, und mir wurde erst, wenn ich zu Hause anrief, langsam klar, dass mein Vater nie wieder das Telefon abnehmen würde. Ich konnte mit ihm nicht mehr über das Studium reden oder einen Rat für das nächste Semester von ihm bekommen. Ich weiß noch, dass ich, wenn ich in den Ferien nach Hause fuhr, erwartete, dass mein Vater die Tür aufmachen würde, so wie er es immer getan hatte.

Es gab Zeiten, da fühlte ich mich im Stich gelassen. Menschen aller Altersgruppen haben mir gesagt, dass sie etwas Ähnliches fühlen, wenn sie ihre Väter verlieren. Es ist, als hätten wir einen unserer größten Bewunderer verloren, den Menschen, der stets wusste, wie man etwas richtete oder reparierte. Ein Freund sagte zu mir: »Ich vermisse meinen Vater, wenn die Garagentür wieder einmal klemmt.« Wenn Sie Ihrem Vater nahegestanden haben, werden Sie auch einen guten Freund verloren haben, jenen Menschen, den Sie immer um Rat fragen konnten, selbst wenn Sie mit einigem – oder dem meisten – von dem, was er sagte, nicht einverstanden waren.

Dann ist da der Schock: Ein Vater ist doch von Natur aus groß und stark, und nun ist er weg? Wie ist das möglich? Ein Gefühl der Unwirklichkeit der Situation ist ziemlich typisch. Auf dieses Gefühl folgen dann Traurigkeit und Depression, wenn Sie das Ausmaß Ihres Verlustes begreifen. Sie werden möglicherweise versucht sein, gegen diese Gefühle anzukämpfen, um den Verlust ungeschehen zu machen, oder sich selbst einzureden, dass Sie darüber hinweg sind, bevor Sie sie in ihrer ganzen Tiefe gespürt haben.

Etwa ein Jahr nach dem Tod meines Vaters dachte ich, ich wäre damit ganz gut fertiggeworden. Dann bekam ich hohes Fieber, wodurch etwas ausgelöst wurde, so dass ich zwei Stunden lang weinte. In der Nacht brach dann das Fieber, und am Morgen hatte ich das Gefühl, ich wäre eine Zentnerlast unterdrückten Schmerzes losgeworden. Das Fieber war nötig gewesen, um die Mauer zu durchbrechen, die ich um den Schmerz herum errichtet hatte.

Errichten Sie keine Mauern um Ihren Schmerz. Teilen Sie ihn mit anderen: mit Freunden, Familienangehörigen, einem Pastor, einem Therapeuten oder anderen ausgebildeten Fachpersonen – mit einem Menschen, der Ihnen zuhört, ohne zu urteilen. Die Gefühle, die dabei hochkommen, werden Sie möglicherweise überraschen. Bedauern,

Schuldgefühle, Erleichterung und Wut sind angesichts eines großen Verlustes ganz normal. Wir können aus diesen Gefühlen lernen, wenn wir es uns gestatten, uns ihrer bewusst zu werden.

Werden Sie sich Ihrer eigenen biologischen Uhr bewusst

Wie Edward Myers in seinem Buch *When Parents Die* schrieb, werden Sie, je nach Ihrem eigenen Alter, beim Tod Ihres Vaters mit unterschiedlichen Gefühlen und Themen konfrontiert. Wenn Sie in den Zwanzigern oder Dreißigern sind, wenn Ihr Vater stirbt, werden Sie wahrscheinlich noch starke Bindungen an die Eltern haben. Finanziell mögen Sie auf eigenen Füßen stehen, aber dennoch ist der Abnabelungs- und Identitätsbildungsprozess laut Myers noch nicht abgeschlossen. Wahrscheinlich werden Sie sich angesichts des frühen Todes des Vaters irgendwie betrogen vorkommen.

Wenn Sie in den Vierzigern oder Fünfzigern sind, stehen andere Themen im Vordergrund. Sie fangen an, sich Ihrer eigenen Sterblichkeit bewusst zu werden, aber die an Sie gestellten Anforderungen lassen Ihnen nicht viel Zeit, auf die Weise zu trauern, die für Sie wichtig wäre. Wenn Sie in den Sechzigern oder älter sind und Ihrem Vater noch nahestanden, mag es sehr schwer sein, sich ein Leben ohne ihn vorzustellen.

Aber ganz gleich, in welchem Alter Sie sich befinden sollten, müssen Sie damit rechnen, sich als Waise zu fühlen. Immerhin haben Sie den einzigen Vater verloren, den Sie jemals hatten. Aber es gibt Möglichkeiten der Kompensation: Sie können sich andere Vaterfiguren suchen, die Ihnen zum Beispiel Freunde und Ratgeber sein können. Ältere Erwachsene besitzen eine große Weisheit, die sie mit Ihnen teilen können. Freunden Sie sich mit einem oder zweien an. Wenn Sie selbst Vater sind, können Sie das Vermächtnis Ihres Vaters ehren, indem Sie etwas von der guten väterlichen Energie, die Sie von ihm empfangen haben, an Ihre eigenen Kinder weitergeben.

Arbeiten Sie Themen aus der Vergangenheit auf

Keine Beziehung ist perfekt. Es wird beim Gedanken an Ihren Vater immer ein gewisses Maß an Schmerz und Konflikten geben, besonders wenn Sie an seine Schwächen als Vater denken, aber auch an Ihre eigenen als Sohn oder Tochter.

Da mein Vater sich fünf Monate lang einer Behandlung unterziehen musste, hatten wir genug Zeit, um über einige Dinge zu sprechen. Aber es kam nie zu einer vollständigen Lösung, daher sollten Sie sich keine Sorgen machen, wenn Sie nach dem Tod Ihres Vaters von starken Gefühlen überwältigt werden. Falls Ihr Vater plötzlich starb, können

»Viele berühmte Menschen haben gesagt, dass sie erst nach dem Tod ihres Vaters erwachsen wurden ... Man muss nicht berühmt sein, um zu verstehen, was sie damit meinen.«

Sandra L. Graves in *What to Do When a Loved One Dies*

»Als ich vor kurzem wieder einmal eines meiner Lieblingsbücher las, Ernest Hemingways *Der alte Mann und das Meer*, stach mir der schlichte Satz ins Auge: ›Der alte Mann hatte dem Jungen das Fischen beigebracht, und der Junge liebte ihn.‹ Sofort stiegen starke, liebevolle Gefühle und Erinnerungen an meinen Vater in mir auf. Mein Vater hatte mir nicht viel über Kunst und Wissenschaft beigebracht, aber er hatte diesem Jungen das Fischen beigebracht. Und ich liebte ihn.«

Linus Mundy: *Cherishing Your Memories of a Loved One*

die Gefühle nach der ersten Taubheit und dem ersten Schock sogar noch intensiver sein.

Ein Therapeut kann bei der Aufarbeitung ungelöster Probleme sehr hilfreich sein. Familienangehörige mögen die besten Absichten haben, aber jeder von ihnen hat eine besondere Beziehung zu Ihrem Vater gehabt. Da kann es vorkommen, dass plötzlich ziemlich starke Gefühle und Meinungen zum Vorschein kommen. Seien Sie also vorsichtig, bei wem Sie problematische Themen ansprechen.

Obwohl ich das Glück hatte, eine enge Beziehung zu meinem Vater zu haben, wurde es doch bis vor kurzem nicht von einem Vater erwartet, dass er seinen Kindern sehr nahestand oder seine Gefühle offen zum Ausdruck brachte. Der Autor und Franziskanerpriester Richard Rohr spricht von der »Vaterwunde«, die viele von uns – besonders Männer – haben, weil wir Beziehungen zu unseren Vätern hatten, die alles andere als perfekt waren.

Vielleicht spüren Sie ja jetzt diese Vaterwunde. Falls dies der Fall sein sollte, suchen Sie Hilfe, damit Sie sie verarbeiten und hoffentlich einen Punkt erreichen können, an dem Vergebung möglich ist. Es wird Ihnen helfen, aus Ihrem Gram herauszukommen und sich wieder ganz zu fühlen, wenn Sie Ihrem Vater – und sich selbst – für die nicht ganz so perfekte Beziehung vergeben.

Freuen Sie sich darauf, dass sich Verständnis einstellen wird

Heilung geschieht nicht auf einmal, und der Gram endet nicht auf einmal. Wenn Sie sich gestatten, Ihre Gefühle zu fühlen, werden Sie feststellen, dass sich im Lauf der Zeit Frieden und Heilung einstellen. Die Erinnerungen verblassen nicht, aber die Gefühle verlieren ihre Schärfe – auch wenn sie manchmal mit Macht zurückkehren können, wenn sie durch etwas Bestimmtes ausgelöst werden. Ein Freund sagte mir, er würde seinen Vater immer dann vermissen, wenn er Pfeifenrauch roch.

Bewahren Sie sich die positiven Erinnerungen, da dies wichtig dafür ist, dass Ihr Leben weitergeht. In den Jahren nach dem Tod meines Vaters hat meine Mutter meine Geschwister und mich bei unseren Besuchen immer aufgefordert, etwas vom »Zeug« unseres Vaters mitzunehmen. Zuerst kam es mir werkwürdig vor, die elektrischen Werkzeuge meines Vaters bei mir zu Hause zu haben, aber mittlerweile hänge ich richtig an ihnen. Wenn ich sein Werkzeug benutze, habe ich das Gefühl, wir wären wieder zusammen – so wie damals, als er mir zum ersten Mal zeigte, wie man ein Stück Brennholz spaltet.

Nehmen Sie sich etwas vom Besitz Ihres Vaters, das Sie aufbewahren können: eine alte Jacke, ein Paar Pantoffeln, seinen Lieblingssessel, Fotos – was auch immer Ihnen hilft, sich mit ihm dauerhaft verbunden zu fühlen. Oder suchen Sie sich eine seiner Charaktereigenschaften aus, die Sie besonders bewundern, und machen Sie sich diese zu eigen.

Nur Mut!

Für viele Menschen ist der Glaube an ein Wiedersehen im Jenseits nach einem Verlust ein Quell des Trostes. Ich weiß, dass ich mich darauf freue, meinen Vater wieder durch die Tür gehen zu sehen – an einem Ort, an dem die Zeit stillsteht und keine Uhren mehr gebraucht werden. Bis dahin werde ich immer dankbar für die Uhr sein – und für die Liebe, die die Stunden, die er mit mir – ein Vater mit seinem Sohn – verbrachte, erfüllte.

Greg Long ist Softwareberater und Pädagoge.

Kapitel 5

Der Verlust des verbliebenen Elternteils

von Carol Luebering

Vor vielen Jahren mussten wir viel zu viele Stunden mit vier kleinen Kindern im Auto zubringen. Zu unseren Versuchen, sie bei Laune zu halten, zählte auch ein Spiel, das mit den Worten begann: »Wie alt wirst du sein, wenn ...?« Das beschäftigte sie zum Glück eine Weile. Einmal fragte ich sie, wie alt Papa sein würde, wenn eines von ihnen 80 wäre. Die Antwort kam prompt: »Tot!«

Wir alle wissen schon in jungen Jahren, dass wir unsere Eltern wahrscheinlich überleben werden. Und doch kommt ihr Tod irgendwie immer früher als erwartet. Und der Tod des verbliebenen Elternteils trifft uns am härtesten.

Um einen immer populärer werdenden Begriff zu benutzen: Wir werden zu erwachsenen Waisen.

Im Gegensatz zu Waisenkindern kommen wir normalerweise alleine zurecht. Wir sind nicht auf die Barmherzigkeit von Verwandten angewiesen, niemand sucht Pflegeeltern für uns. Aber irgendwie fühlen wir uns wie Dorothy, die sich plötzlich im Land Oz wiederfindet und ausruft: »Wir sind nicht mehr in Kansas!« Die Welt ist einfach nicht mehr dieselbe. Wir scheinen den Kontakt mit der Vergangenheit verloren zu haben, fühlen uns in der Gegenwart unwohl und haben richtiggehend Angst vor der Zukunft.

In diesem Essay werde ich diese merkwürdige neue Welt erforschen und versuchen, Ihnen zu helfen, Ihren Platz darin zu finden.

Wie damit umgehen?

Ihre Beziehung zu Ihren Eltern reicht weiter zurück als jede andere Bindung. Schließlich waren dies die Menschen, von denen Ihr Leben abhing, als Sie noch klein waren. Auch als Erwachsener waren Sie in vielerlei Beziehung von ihnen abhängig. Sie bekamen Bestätigung, Rat, Verständnis, wenn etwas einmal nicht so gut lief, gelegentlich finanzielle Hilfe, praktische Hilfe beim Reparieren des Garagentores oder beim Kochen. Ihre Eltern waren immer ein Teil Ihrer Welt, und wenn Sie nicht mehr da sind, geht mit ihnen auch ein großer Teil Ihrer eigenen Vergangenheit verloren.

Ihre Eltern werden immer bei Ihnen sein, sie leben in Ihrem Gedächtnis und in Ihren Genen, aber sie werden nicht mehr da sein, wenn Sie sie brauchen.

Vor Ihnen liegt nun einerseits ein schwieriger Weg, andererseits ein Abenteuer, das Ihnen großes Wachstum bescheren kann.

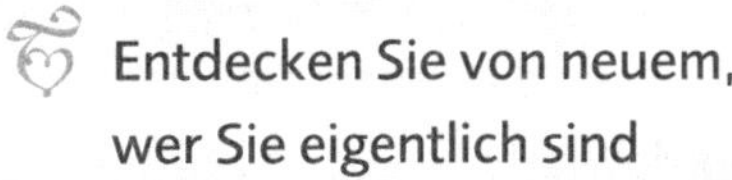

Entdecken Sie von neuem, wer Sie eigentlich sind

Wenn Sie nicht adoptiert wurden, wurden Ihr Aussehen, Ihr Gesundheitszustand und zu einem großen Teil auch Ihre Persönlichkeit von den Genen Ihrer Eltern bestimmt. Und die Erinnerungen an sie, von denen sich ein großer Teil jenseits des Zugriffs Ihres Wachbewusstseins befindet, formen Sie auch weiterhin. Ganz gleich, ob Ihre Eltern nun die besten Muttis und Papis der Welt waren oder ob Sie nichts als schmerzhafte Erinnerungen an Ihre Kindheit haben, sie werden fur immer ein Teil von Ihnen sein.

Als der erste Elternteil starb, blieb Ihnen noch der andere, mit dem Sie Erinnerungen austauschen konnten. Aber nun sind Sie ganz auf sich allein gestellt – und dies auf eine Weise, die Sie sich nie hätten vorstellen können, als Sie von zu Hause auszogen. Wenn Sie bisher bei Ihren

Mein Vater

»Mein Vater starb an einem Herzinfarkt, als ich 30 war. Meine Mutter lebte ein langes Leben und starb erst letztes Jahr. Ich hatte sie allerdings bereits Stück für Stück verloren, weil Teile ihres Gehirns durch kleine Schlaganfälle beeinträchtigt waren. Zum Schluss benötigte sie Pflege in einem Heim, wodurch meine Zeit, Energie und Finanzen erschöpft wurden. Sie wurde immer unselbstständiger und hilfloser und hatte gegen Ende einen Großteil ihrer Würde eingebüßt. In vielerlei Hinsicht war ihr Tod eine große Erleichterung. Und doch ließ mich ihr Tod mit einem Gefühl der Verzweiflung zurück. Ich hatte nicht geahnt, wie es sich anfühlen würde, den verbliebenen Elternteil zu verlieren. Stück für Stück heile ich und entdecke, wer ich als Erwachsener, der zum ersten Mal vollkommen auf sich allein gestellt ist, wirklich bin.«

Eltern Rat und Unterstützung gefunden haben, so müssen Sie sich nun nach anderen Quellen der Unterstützung umsehen, diese aufbauen oder stärken und die volle Verantwortung für Ihre Entscheidungen übernehmen. Das mag beängstigend sein, aber wie Ihr erster Ausflug in die Unabhängigkeit, so kann auch dieser sehr befreiend sein. Nun, da Sie frei von den elterlichen Erwartungen sind, können Sie mehr Sie selbst werden.

Ganz gleich, wie großartig Ihre Eltern auch gewesen sein mögen, sie waren sicherlich nicht perfekt. Das Großziehen von Kindern ist etwas, das die meisten Eltern so gut es eben geht bewältigen. (Das haben Sie sicherlich schon gemerkt, wenn Sie selbst Kinder haben.) Der Verlust Ihrer Eltern mag bei Ihnen also gemischte Gefühle auslösen: Wut, Schuldgefühle, Trauer und Erleichterung können sich je nach den Umständen miteinander vermischen.

Bedenken Sie aber bitte, dass der Tod ein Leben beendet, nicht eine Beziehung. Sie können immer noch mit Mutti oder Papi bestimmte Dinge besprechen. Legen Sie die Worte, die Sie sagen müssen, in die Hand Gottes, und vertrauen Sie darauf, dass Sie dorthin gelangen, wohin sie sollen. Beginnen Sie einen ernsthaften Dialog mit den Stimmen Ihrer Eltern in Ihrem Kopf. Bekräftigen Sie die positiven Aspekte, und suchen Sie nach Möglichkeiten, die negativen mit positiven zu »überschreiben«. Dabei werden Sie möglicherweise professionelle Hilfe in Anspruch nehmen müssen, wenn Sie die negativen Aspekte tief verinnerlicht haben, aber es ist alle Mühen wert.

Schreiben Sie eine Biographie Ihrer Eltern, zumindest in Gedanken. Darin sollten natürlich auch glückliche Erinnerungen einfließen. Aber berücksichtigen Sie auch die Probleme, vor denen Ihre Eltern gestanden und die Auswirkungen auf die Beziehung zu Ihnen gehabt haben mögen.

Trauern Sie um den Verlust der Möglichkeit, aus ihnen perfekte Eltern zu machen, aber erinnern Sie sich auch daran, dass Liebe und Vergebung den Abgrund des Todes überwinden können.

Erschaffen Sie die Familie neu

Die einzelnen Mitglieder einer Familie befinden sich in einem delikaten Gleichgewicht zueinander, wie die Teile eines Mobiles. Die Eltern, besonders wenn nur noch ein Elternteil da ist, sind häufig die stabilisierenden Faktoren. Die Stärke ihrer Fürsorge für ihre Nachkommen ist jene Kraft, die die ganze Struktur aufrechterhält. Papa kann der Friedensstifter oder Mutti das Problem sein, auf das sich alle anderen konzentrieren. Wird einer von ihnen herausgenommen, gerät die ganze Struktur aus dem Gleichgewicht.

Alte Eifersüchteleien unter den Geschwistern werden nach dem Tod des verbliebenen Elternteils vermutlich wieder aufbrechen. Derjenige, der die Hauptverantwortung für die Pflege des Vaters trug, mag heimlichen Groll

»Ich wünschte, ich könnte wieder das Kind von irgendjemandem sein.«

Aus einem Brief von Walter Spierdowis,
nachdem er den verbliebenen Elternteil
begraben hatte.

»Beten ist keine Strategie, die man gelegentlich einsetzt, ein Refugium, in das man sich ab und zu zurückzieht, sondern eher wie eine Heimat für das innerste Selbst. Alles hat ein Zuhause, der Vogel hat sein Nest, der Fuchs sein Loch, die Biene ihren Bienenstock. Eine Seele ohne Gebet ist eine Seele ohne Heimat.«

Abraham Joshua Heschel

gegen die Geschwister hegen, die nicht ihren Anteil geleistet haben. Das Kind, das in den Augen der Mutter nie etwas Rechtes zustande brachte, wird plötzlich einen gewaltigen Zorn in sich aufwallen spüren.

Keines der Geschwister trauert um genau dieselben Eltern, denn jedes Kind hat eine einzigartige Beziehung zu den Eltern. Faktoren wie Geschlecht und Rangfolge wirken sich stark auf die Eltern-Kind-Beziehung aus, und jedes Kind hat andere Erinnerungen und Gefühle. Statt gegenseitigem Verständnis werden Spannungen auftauchen, wenn die Geschwister Erinnerungen austauschen. Und ein Begräbnis zwingt uns dazu, uns zu erinnern.

Am schwierigsten wird es, wenn die Zeit gekommen ist, den Besitz der Eltern zu verteilen. Interessanterweise sind es häufig jene Dinge, die den geringsten materiellen Wert haben, die die größten Stürme auslösen können. Kleine Dinge haben oft ein eher emotionales Preisschild. Eine Frau, die bei ihrer verwitweten Mutter lebte, formulierte es so: »Alle suchten sich etwas aus, das sie mit nach Hause nehmen konnten. Niemand schien zu begreifen, dass sie damit mein Zuhause zerstörten.«

Eine mir bekannte Familie erstellte eine Liste mit den einzelnen Wünschen und machte dann Fotos von allem im Haus der Eltern. Die Fotos wurden an die weit verstreut lebenden Familienmitglieder verschickt, die dann jene Dinge markierten, die sie haben wollten. Dann wurden Zettel mit den Namen der Interessenten auf alles geklebt. Stand auf einem Zettel mehr als ein Name, wurden Karten gezogen, um zu bestimmen, wer den Gegenstand bekommen sollte. Niemand bekam alles, was er gewollt hatte, aber alle fühlten sich gerecht behandelt.

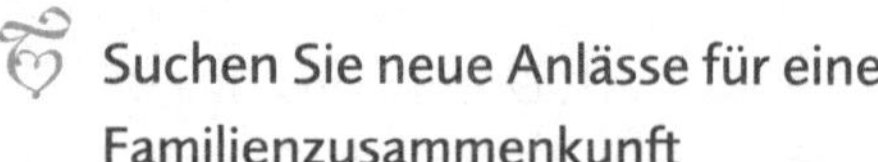

Suchen Sie neue Anlässe für eine Familienzusammenkunft

Sie werden neue Anlässe finden müssen, um als Familie zusammenzukommen. Da nun beide Eltern nicht mehr da sind, fehlt der Mittelpunkt der Familie. Feiertage verändern sich nun radikal. Sie können natürlich versuchen, weiterhin die gewohnten Rituale auszuführen, aber sie werden nicht mehr dieselben sein.

Als meine Mutter nicht mehr da war, um Weihnachten und Thanksgiving auszurichten, machten wir anderen so lange weiter, wie mein Vater lebte. Dies erwies sich als immer aufwändiger, da die Familie wuchs und unsere Kinder auch ihre Schwiegereltern berücksichtigen mussten. Sobald unser Vater nicht mehr da war, gingen wir an den Feiertagen getrennte Wege, aber wir vermissten das Zusammensein mit der ganzen Truppe. Deshalb beschlossen wir, einmal im Jahr ein Familientreffen und bei runden Geburtstagen eine Zusammenkunft zu organisieren.

Beanspruchen Sie Ihren Platz

Die beunruhigendste und erschreckendste Erkenntnis, mit der Sie konfrontiert werden, ist, dass Sie nach dem

Tod des verbliebenen Elternteils nun als Nächstes dran sein werden. Vielleicht haben Sie das Gefühl, dass Sie vor der Tür des Todes stehen und darauf warten, dass jemand »Der Nächste bitte!« ruft.

Betrachten Sie dies als Einladung, all jene Dinge zu tun, die Sie bisher immer aufgeschoben haben. Vor allem sollten Sie Ihre Beziehungen in Ordnung bringen. Machen Sie das Beste aus Ihrer neuen Position als »Stammesältester«. Kopieren Sie alte Familienfotos und verteilen Sie sie. Erzählen Sie den kommenden Generationen die Geschichte Ihrer Eltern. Vielleicht möchten Sie ja sogar Ihren Stammbaum und die Familiengeschichte erforschen.

Werden Sie den Jungen ein Vertrauter und Ratgeber. Wenn Sie selbst keine Kinder haben, freuen sich Nichten, Neffen, jüngere Freunde und Kollegen immer über ein offenes Ohr.

Nur Mut!

Als sie klein waren, brachten Ihnen Ihre Eltern bei zu winken, wenn jemand fortging. Nun, beim Abschied Ihres verbliebenen Elternteils, »zu winken«, ist eine der schwierigsten Aufgaben, vor der Sie je stehen werden. Rufen Sie sich ins Gedächtnis, dass Sie ihr lebendes Vermächtnis sind, das nächste Glied in einer langen Kette, die alle Generationen bis zum Anbeginn der Zeit und zu den ersten

Eltern miteinander verbindet. Sorgen Sie dafür, dass dieses Glied stark bleibt, bis zu dem Zeitpunkt, an dem Sie Ihre Eltern im Land, das jenseits von diesem liegt, wiedersehen werden.

Carol Luebering *war eine überaus produktive Autorin, die bei Abbey Press und St. Anthony Messenger Press zahlreiche Bücher veröffentlichte. Sie verstarb 2010.*

Kapitel 6

Gestatten Sie sich zu trauern

von Carol Luebering

»Du musst dich endlich zusammenreißen und einfach weitermachen.« Wahrscheinlich hat Ihnen schon einmal jemand diesen Rat gegeben; vielleicht haben Sie diesen Satz sogar schon zu sich selbst gesagt. Und so schlagen Sie Ihrer Trauer die Tür vor der Nase zu – nur um zu erleben, dass sie zum Fenster wieder hineinschaut. Sie haben Schlafstörungen, Sie sind gereizt. Was ist nur mit Ihnen los?

Nichts! Ganz gleich, ob Ihre Gram zu tief, zu lange oder zu beschämend zu sein scheint, sie können Sie ebenso wenig verschwinden lassen, wie Sie einen gebrochenen Knochen über Nacht heilen können. Und wie ein gebrochener Knochen braucht auch ein gebrochenes Herz zwei Dinge, bevor es heilen kann: liebevolle Aufmerksamkeit und genügend Zeit. Und bis dahin wird es wehtun, sehr wehtun.

Aber vermutlich denken Sie, dass es nicht wehtun sollte. Schließlich hat doch kein gesunder Mensch Freude am Schmerz. Die meisten von uns versuchen, den Schmerz zu leugnen oder ihm zu entfliehen. Wir versuchen, die Zähne zusammenzubeißen oder stürzen uns in allerlei Aktivitäten. Andere Menschen tragen dann noch das ihre zu unserer Verwirrung bei.

Unsere Gesellschaft erwartet von uns, dass wir ein paar Tage nach einem Todesfall wieder zur Arbeit kommen und reibungslos funktionieren. Wir glauben, dass nur innerhalb der Familie getrauert wird, aber der Verlust eines guten Freundes kann eine ebenso tiefe Wunde hinterlassen. Und wenn es dann etwas gibt, das in irgendeiner Weise ein schlechtes Licht auf einen Todesfall wirft, wie eine Überdosis Drogen, die Beteiligung an einem Verbrechen oder die Schuld an einem Unfall, dann hat das Umfeld der Trauernden generell weniger Sympathie für sie.

Wie damit umgehen?

Dieses kleine Essay kann Ihnen keinen Weg zeigen, den Schmerz zu vermeiden, denn es gibt keinen. Der einzige Weg, den Schmerz zu bewältigen, besteht darin, durch ihn hindurchzugehen. Als ihr kleiner Sohn entführt und getötet wurde, schrieb Anne Morrow Lindbergh, dass Zeit allein keine Heilung bringen kann. Wir müssen mit Trauer und Gram richtig umgehen und Verständnis, Geduld und Mitgefühl haben, selbst wenn es so scheint, als wären Sie der einzige Mensch auf Erden, der Ihnen dies entgegenbringt.

Was dieses kleine Essay aber tun kann, ist, Ihnen einige Vorschläge zu machen, die Ihnen helfen können, mit Ihrer Trauer umzugehen und durch den Schmerz hindurchzugehen.

Machen Sie sich klar, was auf Sie zukommen wird

Obwohl Gram von intensiven Gefühlen begleitet wird, ist er selbst doch kein Gefühl. Gram ist eher ein Prozess, ein langsames Voranschreiten in Richtung Akzeptanz und innerem Frieden. Und es ist ein schwerer Weg, der vor Ihnen liegt, ein langes, langsames Loslassen des Menschen, der für Sie in vielerlei Hinsicht wichtiger war, als Sie bis jetzt ahnten. Trauer, Einsamkeit, Depression, Wut, Schuldgefühle, Selbstmitleid, Hilflosigkeit, Frustration: All diese Gefühle rauben Ihnen die Fähigkeit, wie gewohnt zu funktionieren. Vielleicht stellen Sie sogar Ihren Glauben infrage, aber sicherlich Ihre geistige Gesundheit.

Gram braucht Zeit. Gerade, wenn sich die Dinge zum Besseren zu entwickeln scheinen, erinnert Sie der Kalender

Als ich meine Tochter wiedertraf, die ich vor 30 Jahren zur Adoption freigegeben hatte, rief unsere Begegnung einen Sturm schmerzhafter Gefühle in mir hervor, so dass ich nicht aufhören konnte zu weinen. Ich erlebte noch einmal den Hass, den ich damals gegenüber meinen Eltern empfunden hatte, die mir keine andere Wahl gelassen hatten. Ich verstand nun, wie sehr dieses Erlebnis mein ganzes Leben beeinflusst hatte. Endlich konnte ich angemessen trauern. Ich konnte die gequälte Jugendliche, die noch immer in mir lebte, umarmen und sie meinen Freunden vorstellen. Ich konnte die in mir schwelende Wut aufarbeiten und wirklich Frieden mit meinen Eltern schließen. Mein Gram heilte mich.

wieder schmerzvoll an Ihren Verlust. Nicht nur das erste Jahr ist mit solchen Fallgruben gespickt, auch die folgenden Jahre sind es. Wichtige Daten, die Ihnen im Nebel des noch frischen Verlustes vielleicht entgangen sein mögen, schmerzen nun beim zweiten Mal noch mehr. Und selbst beim dritten oder vierten Jahrestag des Todes drängt der Schmerz wieder an die Oberfläche.

Bereiten Sie sich also darauf vor, dass Sie einen langen Weg vor sich haben. Jeder Mensch hat seinen eigenen Rhythmus, aber nur wenige Menschen erleben Heilung in weniger als zwei Jahren. Und manche Menschen brauchen länger. Das ist durchaus normal, es ist einfach der natürliche Verlauf des Heilungsprozesses. Und wie jeder Heilungsprozess ist auch dieser schwierig. Er erfordert Vertrauen in und Hingabe an den Prozess, die oft nur schwer zu bewerkstelligen sind.

Freunden Sie sich mit Ihrem Gram an

Die Gefühle, die Ihren Gram begleiten, können große Angst auslösen. Warum in aller Welt sollen wir dieses Leid als Freund betrachten? Es ist sehr verlockend, sich dem Schmerz zu verschließen und die Taubheit, die man in den ersten Tagen gefühlt hat, dadurch zu überwinden, dass man sich auf die Arbeit oder in die tägliche Routine stürzt oder gar chemische Hilfsmittel zur Stimmungsaufhellung benutzt.

Aber Gefühle, die wir unterdrücken, verschwinden nicht. Sie werden in den folgenden Jahren nur unter der Oberfläche vor sich hin schwelen. Und dann brechen sie irgendwann ohne Vorwarnung auf eine Weise aus, die weder für Sie noch für die Menschen in Ihrer Umgebung gut ist. Ziemlich sicher wird dadurch Ihre physische wie psychische Gesundheit beeinträchtigt werden.

Wenn Sie sich aber dem Schmerz stellen, können Sie ihn aufarbeiten, indem Sie sich selbst eingestehen, wie tief der Verlust Sie getroffen hat. Nur so können Sie sich allmählich aus dem Würgegriff der Vergangenheit befreien und dem Leben, das vor Ihnen liegt, mit frischer Kraft und – ja, auch das – voller Freude entgegensehen.

Unabhängig davon, ob Sie von Ihren engsten Familienmitgliedern unterstützt werden oder nicht, müssen Sie diesen Weg nicht allein gehen. Suchen Sie die Gesellschaft von Menschen, die Ähnliches durchgemacht haben. Die Teilnehmer von Selbsthilfegruppen für Hinterbliebene oder Geschiedene versichern sich gegenseitig ihrer geistigen Gesundheit und geben einander Tipps, wie man am besten mit der Situation umgeht. Wenn Sie einer Glaubensgemeinschaft angehören, sprechen Sie mit einer Person aus Ihrer Gemeinde, die einen ähnlichen Verlust erlitten hat. Gehen Sie zur Bücherei und leihen Sie Bücher von Autoren aus, die Gram am eigenen Leib erlebt haben.

Und beten Sie. Beten Sie, auch wenn es Ihnen schwerfällt. Wenn Ihnen keine Worte in den Sinn kommen, überantworten Sie sich einfach der Gegenwart Gottes in der

»Wer weint, vermindert seines Grames Tiefe.«

William Shakespeare: *Heinrich VI.*

Gewissheit, dass sie in Wirklichkeit niemals allein sind. Erinnern Sie sich an jene Geschichten Ihrer Glaubensrichtung, die zeigen, wie sehr Gott die Menschen tröstet, die sich in ihrer Trauer an ihn wenden.

Lassen Sie die Tränen fließen

Nach der jüdischen Überlieferung verspürte Gott in seinem Herzen Mitleid mit Adam und Eva, als sie sich aus dem Garten Eden davonschlichen. Der Schöpfer rief sie zurück und gab ihnen ein kostbares Geschenk, das ihnen die schweren Zeiten, die vor ihnen lagen, etwas erleichtern sollte: eine Träne.

Vielleicht haben Sie selbst schon erlebt, dass andere Menschen nicht wissen, wie sie mit Ihnen umgehen sollen, wenn Sie weinen. Vielleicht wissen Sie es ja selbst nicht. Das heißt aber nicht, dass Sie nicht weinen sollten. Ganz gleich, was Ihnen Ihre Eltern auch erzählt haben mögen: Auch große Jungen weinen. Und große Mädchen auch. Weinen ist gut für Sie. Es sind die nicht geweinten Tränen, die Ihnen Kopf- und Magenschmerzen bereiten. Tränen, die fließen, schwemmen etwas von dem Schmerz fort und lindern schädlichen Stress. Wissenschaftler, die diese Dinge untersuchen, haben in der Tränenflüssigkeit sogar Chemikalien entdeckt, die natürliche Schmerzmittel sind.

»Tränen sind kein Zeichen der Schwäche, sondern der Stärke. Unsere Tränen bezeugen unsere Liebe. Und es braucht großen Mut, um zu lieben, denn wer liebt, riskiert immer, verletzt zu werden.«

Mildred Tengbom: *Letting Tears Bring Healing and Renewal*

Lassen Sie Ihre Wut raus (wenn Sie welche verspüren)

Wenn Sie gegen Ihre Wut ankämpfen, leiden die Menschen in Ihrer Umgebung wahrscheinlich ebenfalls darunter. Auf jeden Fall erzeugt dieser Kampf Chaos in Ihrem Körper wie in Ihrer Seele. Wut ist ein ganz normaler Aspekt der Gram. Ein Verlust, wie Sie ihn erlitten haben, ist nach menschlichen Maßstäben absolut ungerecht. Also suchen Sie nach jemandem, dem Sie die Schuld geben können: dem Arzt, dem Fahrer, dem geliebten Menschen, der für Sie nun unerreichbar ist, dem Gott, der einen solchen Schmerz zulässt.

Suchen Sie sich ein Ventil für Ihre Wut. Knallen Sie einen Tennisball gegen die Kellerwand; schlagen Sie mit dem Kissen auf das Bett ein; verbrennen Sie die Wut durch körperliche Anstrengung.

Geben Sie Ihrer Wut eine Stimme. Beschuldigen Sie den Menschen, der Sie verlassen und ganz allein und unglücklich zurückgelassen hat. Statt unter der Dusche zu singen, können Sie Ihren unbändigen Zorn auf die Person, die Sie für den Verlust verantwortlich machen, hinausschreien. Folgen Sie der Tradition, wie Sie in den Psalmen und im Buch Hiob beschrieben wurde: Beschweren Sie sich lautstark bei Gott.

Wahrscheinlich werden Sie herausfinden, dass ein Großteil Ihrer Wut vollkommen irrational ist. Natürlich! Schließlich entspringt sie Ihrem Herzen, nicht Ihrem Verstand – wie übrigens die Fähigkeit zu vergeben auch. Anerkennen ist der erste Schritt des Vergebungsprozesses. Und Vergebung ist der Weg zum Frieden – nicht für die Person, auf die Sie wütend sind, sondern für sich selbst.

Beglückwünschen Sie sich zu jedem kleinen Schritt

Eine Depression raubt Ihnen Energie. Manchmal ist es anstrengender, sich aus dem Bett zu wälzen, als den ganzen Tag lang schwer zu arbeiten. Wenn Sie sich dann noch selbst damit quälen, was Sie alles nicht geschafft haben, entstehen Schuldgefühle, die die Depression noch verschlimmern. Machen Sie es sich zur Angewohnheit, sich jeden Tag zu dem zu beglückwünschen, was Sie vollbracht haben – und zwar unabhängig davon, wie kurz die Liste auch sein mag. Eine Witwe erzählte mir, dass auf ihrer Liste lediglich stand: »Habe die Schuhe angezogen.« An jenem Tag war das für sie ein großer Erfolg.

Schauen Sie alle paar Monate zurück, und machen Sie sich klar, wie weit Sie gekommen sind. Zählen Sie die Dinge auf, von denen Sie dachten, dass Sie sie niemals würden erledigen können und die andere Menschen für Sie tun mussten. Ist es Ihnen gelungen, das Internetbanking oder die Küchenarbeit zu meistern? Können Sie jetzt besser mit mechanischen Dingen umgehen oder bügeln? Dann klopfen Sie sich selbst auf die Schulter.

Seien Sie so lieb zu sich, wie Sie zu einem Menschen wären, der Ihnen lieb ist und dem es schlecht geht. Gestatten

Sie sich, Zeit zu »verschwenden«, wenn Sie erschöpft sind. Alles, was Sie erledigen sollten, wird auch morgen noch da sein, aber Sie können den heutigen Tag mit etwas verbringen, das Ihnen Freude macht, oder sogar eine Jammerorgie veranstalten, wenn Ihnen danach zumute ist.

Nur Mut!

Ihr Verlust wird nie verschwinden, es wird immer ein Loch in Ihrem Leben geben. Aber dieses Loch wird nicht immer ein gähnender Abgrund bleiben, der sich unvermittelt vor Ihnen auftut. Frisches Narbengewebe wird sich bilden, und die Trauerarbeit wird dessen Bildung beschleunigen. Die Erinnerungen, die Sie jetzt quälen, werden zu einem Schatz werden, zu einer dauerhaften Hinterlassenschaft der Liebe. Eines Tages werden Sie in den Spiegel schauen und darin einen Menschen erblicken, der gesund und heil ist – einen Menschen, der durch den langen, dunklen Tunnel des Grams gegangen ist und seinen Frieden gefunden hat. Und dieser Mensch werden Sie sein.

Carol Luebering *war eine überaus produktive Autorin, die bei* Abbey Press *und* St. Anthony Messenger Press *zahlreiche Bücher veröffentlichte. Sie verstarb 2010.*

Kapitel 7

»Wer bin ich ohne meine Eltern?«

von Judith E. Courtney

Vor etwa zwei Wochen erhielt ich spät abends einen Anruf von meiner älteren Schwester, die in Maine lebt. Sie war seit vielen Jahren geschieden, hatte sich selbst ein Studium finanziert, ihre beiden Jungen großgezogen und war zur Leiterin einer Kindertagesstätte aufgestiegen. Nun aber erkannte ich ihre Stimme kaum wieder. Zwischen herzerweichenden Schluchzern gestand sie mir, dass sie aufgrund von Budgetkürzungen entlassen worden war. Ich konnte hören, wie sie immer wieder sagte: »Ich bin so allein. Ich weiß nicht, was ich tun soll. Ich habe solche Angst, und ich bin so allein.«

Alles, was sie sagte, war wahr und traf mich vollkommen unvorbereitet. Obwohl mein Mann und ich Teil ihres Lebens waren, so gab es doch keine anderen Blutsverwandten mehr. Daher gab es natürlich auch keine Familienangehörigen, die ihr – oder mir – in einer solchen Situation hätten helfen können. Obwohl wir viele der damit zusammenhängenden Themen nach dem Tod unserer Mutter vor 13 Jahren verarbeitet hatten, berührte mich ihre Situation doch so sehr, dass das Wort »Waise« eine völlig neue Dimension und Tiefe annahm.

Wie damit umgehen?

Für meine Generation waren es das hässliche Entlein oder Oliver Twist, für die Generation meiner Tochter ist es vermutlich Harry Potter. Zu allen Zeiten haben Waisen – jeder Art – die Herzen der Menschen tief berührt. Auch wenn man bei dem Begriff »Waise« normalerweise an ein Kind denkt, so kann das Waisendasein im Erwachsenenalter genauso überwältigend sein. Nach dem Verlust des zweiten Elternteils kann uns die Erkenntnis manchmal vollkommen überfordern, dass die Augen, die uns – die Kinder – so liebevoll angeschaut haben, nun nicht mehr da sind, um uns auf unserer Lebensreise zu beobachten und uns zu unseren Leistungen zu gratulieren.

Die Weisheit, die praktischen Tipps und das Verwöhnen unserer Kinder durch die Großeltern sind nun auf einmal verschwunden. Das mag für manche Menschen durchaus befreiend sein, denn sie müssen nun nicht mehr den Erwartungen der Eltern entsprechen, aber für andere ist es ein unerwartet schwerer Kampf, seine Identität nun ohne den Blickwinkel der Eltern selbst zu definieren.

 Brechen Sie mit der Vergangenheit

Der Tod des ersten Elternteils ist schon schwierig genug, denn die eine Konstante Ihres Lebens ist nun nicht mehr da. Außer dem Kummer, den Sie heute durchleben, spüren Sie auch schon den Kummer einer Zukunft, die es so nun nicht mehr geben wird. Ihre Mutter oder Ihr Vater werden niemals ihre Enkelkinder kennenlernen, niemals zu einer Schulabschlussfeier gehen, niemals auf der Hochzeit ihrer Tochter tanzen. Wenn dann auch noch der zweite Elternteil stirbt, ist die Schatztruhe aus Erinnerungen, aus denen die Geschichte Ihres Lebens besteht, verschwunden. Dann setzt sich allmählich die Erkenntnis durch, dass die Vergangenheit unwiderruflich vorbei ist.

Nach dem Tod meiner Mutter oblag es meiner Schwester und mir, ihre persönlichen Papiere zu ordnen und die Haushaltsgegenstände durchzusehen. Während wir sortierten, tauschten wir Erinnerungen und Geschichten aus. Wir sprachen über gewisse gemeinsame Ereignisse unserer Kindheit, über die wir noch nie zuvor gesprochen hatten. So waren zum Beispiel unsere Wahrnehmung bestimmter Familienanlässe und die damit zusammenhängenden Gefühle vollkommen verschieden. Wie ist es möglich, dass zwei Menschen aus derselben Familie, die an demselben Anlass dasselbe gesehen und gehört hatten, zwei so unterschiedliche Ansichten dazu hatten? Das unterstrich nur die Tatsache, dass auch unsere Beziehungen zu unseren Eltern so grundlegend verschieden waren.

Gespräche wie diese gaben uns die Gelegenheit, auch über verdrängte Gefühle und versteckten Groll zu sprechen. Sie gaben uns die Möglichkeit, eine bessere, engere Beziehung zueinander zu haben und uns als echte Individuen zu sehen, statt nur als die »große« und die »kleine« Schwester. Viele Menschen definieren sich als das, was die Eltern ihrer Meinung nach in ihnen sehen. Als erwachsene Waise entdecken Sie möglicherweise, dass ein bestimmtes Selbstbild oder ein bestimmter Lebenszweck verloren gegangen ist. Meine Schwester und ich konnten uns und unsere Beziehung nun ohne die Einschränkungen durch alte Geschichten, die nicht mehr auf uns zutrafen, neu definieren.

Ein neuer Blick auf die eigene Sterblichkeit

Eines der prominentesten Gefühle einer erwachsenen Waise ist sicherlich die Erkenntnis, dass nun auch das Ende des eigenen Lebens absehbar und kein weit entferntes

»Da uns eine solche Wolke von Zeugen umgibt, wollen auch wir alle Last und die Fesseln der Sünde abwerfen. Lasst uns mit Ausdauer in dem Wettkampf laufen, der uns aufgetragen ist.«

Hebräer 12,1

Ereignis mehr ist. Das Mantra jener von uns, die in den 1960ern aufwuchsen, war doch »Traue keinem über 30« gewesen. Nun war ich beinahe 60, hatte selbst eine Tochter, die sich der 30 näherte, und war vollkommen überrascht, wie endlich mein Leben mir nun plötzlich erschien.

Der Psychologe Alexander Levy schreibt, dass die Erkenntnis, nun ein Mitglied der ältesten Generation zu sein, die schaurige Gewissheit mit sich bringt, dass nun niemand mehr zwischen uns und dem Tod steht und dass wir als Nächstes sterben werden.

Bis zum Tod meines zweiten Elternteils lag der Fokus meiner Zukunftsplanung auf dem Eintritt ins Rentenalter. Aber nun wurde die Planung von Ereignissen, die mit meinem Tod zu tun hatten, plötzlich wichtiger. Da ich keine Verwandten mehr hatte, fragte ich mich, was wohl passieren würde, wenn ich behindert wäre. Sollte ich meine Energie darin investieren, verschiedene Lebensmodelle für ältere Menschen zu erforschen? Wer würde mein Testamentsvollstrecker sein? Würde ich überhaupt genug Geld zum Leben haben? Ich habe zwar zwei Töchter, aber was wäre, wenn diese nicht helfen könnten oder wollten?

Regeln Sie Ihren Nachlass

Die praktischste Lösung bestand für mich darin, für alle Eventualitäten vorzusorgen. Nachdem meine Mutter gestorben war, hatte ich mit dem Rechtsanwalt zusammengesessen, den sie beauftragt hatte. Mir wurde klar,

»Die Gemeinschaft der Heiligen ist nicht nur ein Netzwerk aus Verbindungen zwischen Menschen. Sie ist zuallererst die Gemeinschaft unserer Herzen.«

Henri Nouwen: *Bread for the Journey*

dass sie für den Fall ihres Todes vorgesorgt hatte. Das war eines der gütigsten Dinge, die sie je für mich und meine Schwester getan hatte, denn wenn man mit dem Verlust des zweiten Elternteils umgehen muss, kann es sehr schwer sein, sich auf juristische Angelegenheiten zu konzentrieren, denn nun liegt die gesamte Verantwortung auf den eigenen Schultern.

Schreiben Sie die Telefonnummern oder E-Mail-Adressen aller Leute auf, die irgendwie mit Ihren Finanzen zu tun haben, damit Ihre Kinder mit ihnen Kontakt aufnehmen können, wenn sie Fragen haben. Bewahren Sie Ihre Kontoauszüge oder Versicherungspolicen ordentlich auf, und sagen Sie Ihren Kindern, wo Sie diese aufbewahren. Sorgen Sie dafür, dass Ihr letzter Wille auf dem letzten Stand ist. Falls Sie noch keinen haben, machen Sie dies zu einer Ihrer Prioritäten. Überlegen Sie sich, ob Sie nicht ein Treuhandkonto für Ihr Haus und Grundstück anlegen möchten. Denken Sie sorgfältig darüber nach, welche Vorkehrungen Sie noch zu Lebzeiten treffen möchten. Auch wenn es Ihnen schwerfallen mag, sollten Sie doch Ihre Wünsche mit Ihren Kindern besprechen. Es gibt so viele komplexe Nuancen bezüglich der mit dem letzten Lebensabschnitt assoziierten Themen, und die Last, diese ohne Planung oder Vorbereitung bewältigen zu müssen, kann furchterregend sein.

»Der Tod der Eltern ist der größte Verursacher von Gram in diesem Land. Fast zwölf Millionen Erwachsene – oder fünf Prozent der Bevölkerung – verlieren jedes Jahr einen Elternteil.«

Alexander Levy

 Unabhängig, aber doch verbunden

Die Mitglieder der Nachkriegsgeneration halten sich selbst gern für besonders innovativ. Daher sollten sie auch für das Altern kreative Lösungen suchen. Wenn Sie keine Kinder haben, die in der Nähe wohnen und Ihnen im Haushalt helfen können, sollten Sie über Alternativen zu den traditionellen Seniorenheimen nachdenken. Wohngemeinschaften und Mehrgenerationenhäuser sind zwei der erfolgreichsten Modelle. Sie ermöglichen Ihnen ein unabhängiges Leben, während sie Ihnen gleichzeitig ein Gefühl der Verbundenheit geben.

Das gemeinschaftliche Wohnkonzept stammt aus Skandinavien. Dabei verpflichten sich die Bewohner zu einem Leben in der Gemeinschaft. Die Bauweise ermöglicht sowohl sozialen Kontakt als auch individuellen Raum. Die Privatwohnungen weisen alle Merkmale konventioneller Wohnungen auf, aber die Bewohner haben auch Zugang zu gemeinschaftlich genutzten Anlagen wie Gärten, Spielplätzen oder einem Gemeinschaftshaus.

Im Bostoner Stadtteil Beacon Hill wurde im Jahr 2001 von den Einwohnern ein gemeinnütziges Dorfprojekt gegründet, um älteren Erwachsenen den Zugang zu verschiedenen Dienstleistungen zu ermöglichen, da der fehlende Zugang häufig der Grund dafür ist, warum Senioren ihre Wohnungen aufgeben und in ein Altersheim ziehen müssen. Nach Angaben des Village-to-Village-Netzwerks gibt es heute in den Vereinigten Staaten mehr als 60 solcher Dörfer, und 120 weitere befinden sich in der Entwicklung.

Nur Mut!

Noch in verhältnismäßig jungen Jahren verlor ich viele Verwandte, die mir sehr nahestanden. Wenn ich heute bete, stelle ich mir einen Raum voll mit den Menschen vor, die ich geliebt und verloren habe, und bitte sie, sich für mich einzusetzen. Wenn Sie an die Menschen denken, die Sie verloren haben, erschaffen Sie sich Ihren eigenen Raum, in dem sich Ihre Lieben versammeln können. Finden Sie Trost in dem Glauben, dass sie mit ihren neuen »Augen« bei Ihnen sind und Ihnen auf eine Weise helfen können, die ihnen hier auf Erden unmöglich war. Nutzen Sie Ihren Raum als Eintrittspunkt in die Meditation oder das Gebet.

Der Verlust des zweiten Elternteils kann Ihnen das Herz brechen oder sehr befreiend sein. Für manche Menschen auch beides zugleich. Ganz gleich, wie schwierig dieser Verlust auch sein mag, er gibt jedem von uns die Möglichkeit, zu wachsen und sich zu verändern.

Judith E. Courtney *ist Psychotherapeutin in der Region Atlanta. Zurzeit arbeitet sie am* Center for Disease Control and Prevention *als Kommunikationsspezialistin.*

Kapitel 8

Mit Kindern über den Tod eines geliebten Menschen sprechen

von Cathy O'Connell-Cahill

Mein Sohn James war vier Jahre alt, als sein Großvater nach zwei Wochen auf der Intensivstation starb. James hatte viel Spaß gehabt, im Wartezimmer der Intensivstation zu spielen und zu malen, und dabei besonders die Anwesenheit seiner Großmutter, Tanten, Onkels und Cousins genossen. Für ihn war es vermutlich eine einzige tagelange Party. Als wir erfuhren, dass mein Vater bald sterben würde, rief ich unseren Kinderarzt an, um ihn zu fragen, wie ich es James beibringen sollte.

»Erzählen Sie ihm die Wahrheit auf eine Weise, die er verstehen kann«, antwortete er. »Sagen Sie nicht, dass sein Großvater eingeschlafen oder irgendwohin verreist ist.« Sollte ich ihn mit zur Aufbahrung und zum Begräbnis nehmen? »Erklären Sie es ihm und lassen Sie ihn entscheiden, aber zwingen Sie ihn nicht, dabei zu sein«, riet mir der Arzt. Als es so weit war, erklärten mein Mann und ich James, dass Großvater gestorben war, und dann weinten wir alle miteinander. Anschließend fragte James: »Heißt das, dass wir nun nicht mehr ins Krankenhaus gehen?« Daraufhin weinte er noch mehr.

Wie damit umgehen?

Viele von uns fürchten sich davor, mit einem Kind über den Tod eines geliebten Menschen zu sprechen. Schließlich wollen wir nicht, dass unser Kind leidet und sich grämt. Wir haben Angst, das Falsche zu sagen, weil wir uns nicht sicher sind, ob es die Situation wirklich begreift. Oft haben wir auch Angst, selbst vor dem Kind in Tränen auszubrechen. Wenn wir uns aber einige hilfreiche Prinzipien vergegenwärtigen, können wir gemeinsam mit unserem Kind diese schwierige Zeit durchstehen und ihm gestatten, auf seine eigene Weise und in seinem eigenen Tempo zu trauern.

Seien Sie ehrlich

Sprechen Sie die Wahrheit behutsam aus. Versuchen Sie nicht, das Kind zu schützen, indem Sie ihm etwas über den Tod vorenthalten. Kinder sind sehr aufmerksam und spüren vermutlich bereits, dass etwas nicht stimmt. Sagen Sie Ihrem Kind so einfach wie möglich, dass ein lieber Mensch gestorben ist und dass Sie das sehr traurig macht. Bei einem kleinen Kind, das sich die Endgültigkeit des Todes noch nicht vorstellen kann, werden Sie ihm die Bedeutung erklären müssen. »Wenn der Körper eines Menschen sehr alt ist, geht er kaputt und die Ärzte können ihn nicht mehr heil machen.« Sie müssen Ihre Tränen oder Ihre Trauer nicht vor dem Kind verbergen. Wenn Sie vor seinen Augen weinen, weiß es, dass dies ein akzeptabler Weg ist, mit dem Kummer über den Verlust eines Menschen fertigzuwerden.

Ganz gleich, wie alt Ihr Kind auch sein mag, es ist angeraten, beschönigende Begriffe wie »Opa ist von uns gegangen« oder »Tante Margaret ist eingeschlafen« zu vermeiden. Derartige Begriffe verneinen die Endgültigkeit des Todes. Das Kind muss begreifen, dass es den geliebten Menschen nie wieder sehen wird, auch wenn es natürlich weiterhin die besondere Liebe und den Geist des Betreffenden spüren kann.

Dies ist zudem ein perfekter Einstieg, um mit dem Kind über die religiösen Überzeugungen der Familie hinsichtlich eines Lebens nach dem Tod zu sprechen. Es kann für

»Heute sind die meisten Eltern der Auffassung, dass sie offen über den biologischen Prozess der Geburt sprechen sollten, aber wenn es um das Ende des Lebens geht, verstummen sie merkwürdigerweise.«

Rabbi Earl A. Grollman: *Talking About Death: A Dialogue between Parent and Child*

das von Kummer erfüllte Kind ein wunderbarer Trost sein, wenn es erfährt, dass der geliebte Mensch nun eins mit Gott ist und dass es eines Tages mit ihm wiedervereinigt werden wird. Versichern Sie dem Kind, dass es den Menschen, den es so liebt, niemals wirklich verlieren kann und seinen Geist immer in sich tragen wird.

Beruhigen Sie Ihr Kind, und beantworten Sie seine Fragen

Ein kleines Kind denkt möglicherweise, dass es den Tod verursacht hat, weil es ungezogen ist oder etwas Böses gedacht hat. Es glaubt vielleicht, dass Oma wiederkommt, wenn es besonders brav ist. Versichern Sie ihm, dass es keine Schuld an Omas Tod trägt und dass es Oma auch nicht wieder zurückholen kann – so traurig das auch ist. Ein kleines Kind denkt manchmal auch, dass das, was seiner Oma passiert ist, auch ihm oder seinen Eltern widerfahren kann. Versichern Sie ihm, dass krank zu sein nicht bedeutet, dass man auch stirbt, und dass die meisten Menschen sehr lange leben. Und sagen Sie ihm, dass es niemals allein sein wird, ganz gleich, was auch passieren mag, und dass es immer Menschen geben wird, die für es sorgen und es lieben.

Ältere Kinder stellen häufig viele Fragen über die physischen und praktischen Aspekte des Todes. »Was machen sie mit dem Körper?« »Wie fühlt er sich an?« »Wie schwer ist der Sarg?« »Wann wird er begraben?« Neugierde ist für Kinder eine Möglichkeit, mit dem Tod umzugehen. Beantworten Sie alle Fragen geduldig und ehrlich, selbst wenn es Ihnen schwerfällt, solche Fragen zu hören.

Akzeptieren Sie die emotionale Reaktion des Kindes – ganz gleich, wie diese aussehen mag

Ein trauerndes Kind kann wütend oder aggressiv werden, sich zurückziehen oder verstummen, weinen oder sich fürchten. Es kann Schlafprobleme haben, den Appetit verlieren, schulische Probleme bekommen oder einfach so tun, als wäre überhaupt nichts passiert.

Entscheidend ist aber nicht, wie Ihr Kind reagiert, entscheidend ist, dass es weiß, dass seine Reaktion in Ordnung ist. Versuchen Sie nie, seinen Verlust kleinzureden oder ihm zu sagen, was es fühlen soll und wie lange. Erklären Sie ihm, dass es nach dem Tod eines geliebten Menschen eine Weile dauert, bis man sich besser fühlt, aber dass der Schmerz im Laufe der Zeit nachlassen wird.

Ist das Kind klein, kann es sein, dass es die Nachricht vom Tod gleichgültig aufnehmen wird und einfach weiterspielt. Das ist normal, da kleinere Kinder eine kürzere Aufmerksamkeitsspanne haben. Es wird mit seinem Kummer in seinem eigenen Tempo umgehen und in dem Maß, in dem es damit fertig wird. Zeichnen oder das Spielen mit Puppen kann ihm gute nichtverbale Ausdrucksmöglichkeiten für seine Gefühle bieten.

»Ein Kind, das alt genug ist,
um zu lieben, ist alt.«

Alan Wolfelt

Ermutigen Sie das Kind, am Begräbnis teilzunehmen

Häufig fragen sich Eltern, ob Kinder an der Beerdigung teilnehmen sollen, wenn ein Freund oder ein Verwandter gestorben sind. Sie machen sich Sorgen, dass das Kind zu klein ist, um zu begreifen, was vor sich geht, oder dass es traumatisiert wird, wenn es den Leichnam sieht.

Die klinische Psychologin Lyn Sonntag weist aber darauf hin, dass »Kinder bei allen Trauerbewältigungsritualen der Familie angemessen einbezogen werden sollten. Es ist falsch und möglicherweise sogar gefährlich, ein Kind davon auszuschließen.« Nimmt das Kind an der Beerdigung teil, kann es, gehalten von den Trost spendenden Armen von Familie und Freunden, angemessen trauern und anfangen loszulassen.

Das Beste, was Sie tun können, um Ihrem Kind eine gute Erfahrung bei dem Begräbnis zu ermöglichen, besteht darin, es gründlich darauf vorzubereiten. Sprechen Sie mit ihm darüber, was der Gottesdienst oder das Ritual bedeutet; erklären Sie ihm, dass es für die Menschen, die den Toten gekannt und geliebt haben, eine Möglichkeit darstellt, sich in ihrer Trauer gegenseitig zu trösten und zu unterstützen. Zudem bietet es die Möglichkeit, das Leben des Verstorbenen zu ehren, seiner zu gedenken, Geschichten über ihn zu erzählen, zu lachen und zu weinen. Sprechen Sie mit ihm darüber, was Sie über das Leben nach dem Tod glauben und wie der Gottesdienst dies bestätigt.

Bitten Sie um Hilfe

Wenn Sie selbst vom Kummer überwältigt werden, holen Sie sich jemanden, der Ihnen mit den Kindern hilft. Kinder fühlen sich oft einsam und im Stich gelassen, wenn die Eltern in ihrer eigenen Trauer versinken. Möglicherweise kann sich ein erwachsenes Familienmitglied oder ein Freund dem Kind zuwenden und seinen Gefühlen besondere Beachtung schenken.

Möchte das Kind aber nicht mit zur Beerdigung, versuchen Sie, den Grund dafür herauszufinden. Vielleicht können Sie so irrationale Ängste oder Fantasien aufdecken, die Sie durch eine einfache Erklärung auflösen können. Weigert sich das Kind dennoch standhaft mitzukommen, geben Sie ihm die Möglichkeit, mit einem Freund oder einem vertrauenswürdigen Babysitter zu Hause zu bleiben.

Helfen Sie Ihrem Kind, mit den langfristigen Nachwirkungen der Gram umzugehen

Gram und Kummer enden nicht, wenn die Totenwache und das Begräbnis vorbei sind. Im Gegenteil: Wenn alle wieder in ihre tägliche Routine verfallen, können sie sogar noch schlimmer werden. Es kann durchaus helfen, sich wieder in die vertraute Routine zu begeben, aber man muss auch Raum für die Trauer lassen.

Ein älteres Kind, das sich vielleicht schämt, offen zu weinen oder zu trauern, hat nach einem Todesfall ein starkes Bedürfnis nach Sicherheit. Verbringen Sie mehr Zeit als gewöhnlich mit ihm, zeigen Sie ihm mehr Zuneigung – und verlieren Sie nie Ihren Humor. Gehen Sie nicht in die Falle des Schweigens, und denken Sie nicht, dass Sie Ihrem Kind die Trauer ersparen können, indem Sie die verstorbene Person totschweigen. Erzählen Sie ihm stattdessen von Ihren Erinnerungen an Ihre Eltern, und ermutigen Sie es, das Gleiche zu tun. Wenn Sie dann beide weinen müssen, ist das vollkommen in Ordnung, da es ein Weg zur Heilung ist. Gehen Sie mit ihm zum Friedhof, legen Sie Blumen oder Andenken auf das Grab.

Die Feiertage – besonders die ersten nach dem Tod – können besonders schmerzhaft sein. Überlegen Sie sich vorher, wie Sie Ihrer Eltern bei diesen Gelegenheiten gedenken wollen. Kinder müssen wissen, dass es völlig in Ordnung ist, traurig zu sein und den Verstorbenen selbst bei so frohen Gelegenheiten zu vermissen. Sorgen Sie auch dafür, dass Sie gemeinsame glückliche Erinnerungen austauschen.

Nur Mut!

Die Verarbeitung der Gram und des Kummers nach dem Tod eines geliebten Menschen kann für das Kind eine sehr gesunde Erfahrung sein, wenn es in diesem Prozess von den Eltern und Familienangehörigen liebevoll begleitet wird. Die Kinder können zusehen, wie Familienmitglieder und Freunde sich gegenseitig unterstützen, wie sie ihren Kummer zum Ausdruck bringen und wie sie die Erinnerung an den Verstorbenen lebendig erhalten. Viele Religionen vertreten die Ansicht, dass Liebe stärker ist als der Tod. Indem Sie mit Ihren Kindern in dieser schwierigen Zeit ehrlich, liebevoll und geduldig umgehen, werden sie diese Lektion am eigenen Leib erfahren.

Catherine O'Connell-Cahill ist Mitherausgeberin von Claretian Publications *in Chicago und Kolumnistin des Newsletters* At Home with Our Faith. *Ein Teil des Materials, das in diesem Essay verarbeitet worden ist, wurde anderen Veröffentlichungen im Verlag Abbey Press entnommen. Von Lisa Engelhardt:* Talking With Your Kids When a Grandparent Dies, Talking With Your Kids About Funerals, Talking With Your Kids About Life and Death; *von Michaelene Mundy:* Sad Isn't Bad: A Good Grief Guidebook for Kids Dealing with Loss.

Die Autoren

Bruder Silas Henderson, O.S.B., ist ein Benediktinermönch in Saint Meinrad, USA. Er hat einen Bachelor-Abschluss in Philosophie und arbeitet als Musiker bei seiner Kirchengemeinde. Außerdem ist er bei Abbey Press tätig, wo er als Herausgeber für zahlreiche spirituelle Werke fungiert.

Linus Mundy war jahrelang Verleger bei Abbey Press und ist Gründungsdirektor des Verlags One Caring Place. Als Autor zahlreicher Bücher für Kinder und Erwachsene hat er Titel wie die *Care Notes* und *Elfenhelfer* ins Leben gerufen, die viele Menschen auf ihrem Weg begleitet haben.

Elisabeth Kübler-Ross

Lebe jetzt und über den Tod hinaus

Die Schweizer Ärztin Dr. Elisabeth Kübler-Ross ist eine der bekanntesten Ärztinnen unserer Zeit und die Begründerin der modernen Sterbeforschung. Ihre Definition der heute wissenschaftlich anerkannten fünf Phasen des Sterbens revolutionierte die Forschung. Für ihre weltweit geschätzte Arbeit erhielt sie 20 Ehrendoktortitel an verschiedenen Universitäten und wurde vom TIME Magazine zu den »100 größten Wissenschaftlern und Denkern des 20. Jahrhunderts« gewählt.
In diesem wegweisenden Buch offenbart uns Elisabeth Kübler-Ross die Antwort auf die wohl wichtigste Frage über das Leben und den Tod: Wie können wir unser jetziges Leben gestalten, um es mit dem Sterben zu versöhnen?

160 Seiten, gebunden · ISBN 978-3-89845-378-3 · € [D] 14,95

128 Seiten, gebunden
ISBN 978-3-89845-365-3
€ [D] 12,95

Elisabeth Kübler-Ross

Über den Tod und das Leben danach

»Ich glaube, es ist jetzt Zeit, dass die Leute wissen, dass der Tod gar nicht existiert, wenigstens nicht so, wie wir uns das vorstellen.«

Die Schweizer Ärztin Dr. Elisabeth Kübler-Ross wurde für ihre wissenschaftlichen Arbeiten von mehreren Universitäten mit einem Ehrendoktortitel ausgezeichnet. Die Sterbeforschung hat durch ihre Bücher an besonderer Aktualität gewonnen, wie auch in der Sterbehilfe durch ihre eindringlichen Appelle neue Akzente gesetzt wurden.

»Sterben ist nur ein Umziehen in ein schöneres Haus.«

152 Seiten, broschiert
ISBN 978-3-89845-397-4
€ [D] 12,95

Trutz Hardo

Hab keine Angst vor dem Tod

Was die Forschung herausgefunden hat

Die Frage nach dem, was nach dem Tod kommt, beschäftigt uns alle, und wir fragen uns, ob er das Ende ist, ob es ein Leben nach dem Tod gibt und wie dieses aussieht. Trutz Hardo zeigt uns hier auf beeindruckende Weise, dass es nach dem Tod weitergeht. Er präsentiert die erstaunlichen Ergebnisse der Nahtodforschung bekannter Ärzte wie Elisabeth Kübler-Ross und Raymond Moody und schildert auch die bewegenden Nahtoderlebnisse vieler Menschen.
Dieses Buch gibt einen Überblick über die Forschungsergebnisse auf dem Gebiet des klinischen Todes, die beweisen, dass der Tod nicht das Ende ist ...

384 Seiten, broschiert,
durchg. farbig
ISBN 978-3-89845-300-4
€ [D] 16,90

Wayne W. Dyer

365 Quellen der Inspiration

Lebe deine Inspiration!
Wayne W. Dyer, der weltweit bekannte Lebensberater, hilft Ihnen, Ihre Inspiration bewusst zu aktivieren, damit sie zu einer kraftvollen Energie in Ihrem Leben werden kann. Die Botschaft dieses Buches ist klar: Inspiration ist für alle da. Sie ist nicht reserviert für Einzelne, sondern Ihr Geburtsrecht, man muss sie erfahren und erfühlen.
Jede Seite dieses wahrhaft inspirierenden Buches bringt Sie einen Schritt näher an ein Leben, in dem Tag für Tag mehr Wunder wahr werden...

448 Seiten, Klappenbr.
ISBN 978-3-89845-317-2
€ [D] 19,90

Fred Matser

Für eine Welt mit Herz

Ein Findhorn-Buch

Fred Matser hat es sich zum Ziel gesetzt, mit Inspiration und Hilfe zur Selbsthilfe eine funktionalere Gesellschaft zu erschaffen. Wie er diese Gesellschaft sowohl spirituell als auch praktisch versteht, erläutert Matser an dem von vielen Menschen als problematisch empfundenen Status quo der Welt. So stellt der Autor sieben Prinzipien vor, die helfen, einen Wandel in uns selbst und in der Welt herbeizuführen.
Dieses Buch ist eine inspirierende Ideenquelle und lädt den Leser dazu ein, gemeinsam mit anderen eine bessere Welt zu schaffen.

192 Seiten, 2-farbig, Klappenbr.
ISBN 978-3-89845-335-6
€ [D] 14,90

Chris Prentiss

Das 9x9 der Lebensweisheiten

Kostbare Geheimnisse für ein glückliches Leben

Chris Prentiss hat einen Weg entdeckt, der zu den wunderbaren Gaben geführt hat, nach denen wir uns alle sehnen: wahre Freundschaft, Frieden, Glück, liebevolle Beziehungen zu Menschen, insbesondere zu unseren Kindern, sowie ein einträglicher Beruf.

Die 81 Geheimnisse in diesem Buch werden auch Sie frei machen, beschützen und Ihnen Glück bringen, damit Sie sich auf den Flügeln von sechs Drachen in die Höhen des Erfolges emporschwingen können ...

216 Seiten, Klappenbr.
ISBN 978-3-89845-345-5
€ [D] 14,90

Sharon Salzberg

Das Handbuch der Achtsamkeit und Güte

Dieses Buch ist eine Einladung, mit Eigenschaften wie liebevoller Güte und Achtsamkeit zu experimentieren. Sicherlich kennen Sie Situationen, in denen Sie allmählich ungeduldig werden, wenn Sie beispielsweise versuchen, jemandem zu helfen, oder Sie ärgern sich über das laute Klingeln eines Handys ... Was wäre normalerweise Ihre erste Reaktion? Gelassenheit oder Groll?

Die Erfolgsautorin Sharon Salzberg zeigt dem Leser, wie wir für uns selbst und unsere Mitmenschen Güte und Achtsamkeit entwickeln können. Die im Buddhismus geschulte Autorin führt uns mit der sanften Stärke der Zuversicht und Inspiration auf den Weg zu einem Leben voller Freude und innerem Frieden.

136 Seiten, 4-fbg., broschiert
ISBN 978-3-89845-423-0
€ [D] 6,95

Elizabeth Clare Prophet

Hoffnung – Die schöpferische Kraft in uns

Hoffnung existiert für einen jeden von uns, der erkannt hat, dass Hoffnung von innen kommt.
Hoffnung ist die schöpferische Kraft in uns, die es uns erlaubt, immer wieder aus den Vertiefungen des Lebens aufzutauchen. Sobald ein Mensch den Strohhalm der Hoffnung ergreift, wird er wieder die Frische des Lebens spüren und seine Seele wird zu neuen Höhen emporgetragen werden.
Dieses kleine Geschenkbuch regt uns durch seine feinen spirituellen Texte an, dieses seelische Vermögen, diese unbewusste Lebenskraft in uns zu entdecken und zu entfalten.

176 Seiten, 4-fbg., broschiert
ISBN 978-3-89845-404-9
€ [D] 6,95

Manfred Miethe

Im Meer der Liebe

Bestimmung und Sehnsucht der Liebe

Liebe ist der beste Weg
zu innerem Frieden.
Ein wunderbares Buch zum Lesen,
zum Verstehen, zum Entdecken und
vor allem auch zum Verschenken ...

Ein Buch der etwas anderen Art: Keine alltäglichen Ratschläge, keine Psychotests, sondern einfache, eindringliche und einfühlsame Worte ...
Jeder Satz, jeder Abschnitt dieses Buches führt uns behutsam und verständnisvoll durch das Auf und Ab der Liebe und hilft, die eigenen Gefühle zu verstehen.

Weiterführende Informationen zu
Büchern, Autoren und den Aktivitäten
des Silberschnur Verlages erhalten Sie unter:
www.silberschnur.de

Natürlich können Sie uns auch gerne den
Antwort-Coupon aus dem beiliegenden
Lesezeichenflyer zusenden.

Ihr Interesse wird belohnt!